AF388696

LA
GUERRE DE CENT ANS

DRAME EN CINQ ACTES

AVEC PROLOGUE ET ÉPILOGUE,

EN VERS

F. COPPÉE & A. D'ARTOIS

LA GUERRE

DE

CENT ANS

DRAME EN CINQ ACTES

PARIS

ALPHONSE LEMERRE, ÉDITEUR

27-31, PASSAGE CHOISEUL, 27-31

M DCCC LXXVIII

PRÉFACE

N 1872, au lendemain de la guerre, deux poëtes amis avaient pensé qu'il pouvait être salutaire d'évoquer sur la scène française, avec le souvenir des désastres anciens, le spectacle des héroïques efforts tentés par nos aieux pour les réparer et pour reconstituer la patrie; et ils ont écrit ce drame, dont l'action se déroule, en effet, au milieu d'une des plus redoutables crises que la France ait traversées.

Des motifs, sans intérêt pour le lecteur, se sont opposés à la représentation de La Guerre de cent Ans.

Aujourd'hui, après avoir remanié leur œuvre, longtemps abandonnée, et lui avoir restitué certains développements pittoresques que le théâtre n'eût point admis, les auteurs se décident à la publier.

Depuis quatre ans, le sentiment guerrier de la nation,

si énergiquement vivace à cette époque, a cessé peu à peu de se manifester. Il n'appartient pas à de simples artistes de juger ce revirement de l'opinion et d'en apprécier les causes; il leur est cependant permis de constater que ce besoin de paix si naturel — et qu'ils partagent eux-mêmes — s'exprime, à l'heure présente et d'une façon générale, avec une pénible exagération.

Sans donner à leur drame plus d'importance qu'il n'en mérite, ils le livrent au public, curieux de savoir quelle émotion peut encore éveiller en lui le cri de colère et de douleur patriotiques qui grondait alors dans toutes les poitrines, et dont ces vers ne sont qu'un écho.

F. C. ET A. D'A.

Novembre 1877.

PERSONNAGES DU PROLOGUE

1356.

ENGUERRAND, COMTE DE MAUNY, 50 ans.
OLIVIER DE MAUNY, son fils aîné, 22 ans.
ALAIN DE MAUNY, son fils cadet, enfant de 12 ans.
HUON DE MAUNY, 16 ans,
PHILIPPE DE MAUNY, 15 ans, } ses autres fils (personnages muets).
JACQUES DE MAUNY, 14 ans,
HUGUES, vieil écuyer.
DOM BERTRAM, chapelain.
UN PAYSAN.
UN GUETTEUR.
UN VARLET.
HERMENGARDE, COMTESSE DE MAUNY, 45 ans.
URGANDE, jeune femme.

VARLETS, PAGES, HOMMES D'ARMES, VASSAUX.

PERSONNAGES DE LA PIÈCE

1364.

CHARLES V, roi de France, 28 ans.
BERTRAND DU GUESCLIN, 50 ans environ.
OLIVIER, COMTE DE MAUNY, 30 ans.
ALAIN, son frère cadet, 20 ans.
LORD JOHN CHANDOS, gouverneur de Guyenne.
LE BATARD DE MAREUIL.
LE SPECTRE D'ENGUERRAND DE MAUNY.
LE CONNÉTABLE ROBERT DE FIENNES.
LE MARÉCHAL DE BOUCICAUT.
LE MARÉCHAL D'ANDREHAM.
BAUDOIN DE HANNEQUIN, grand-maître des arbalétriers.
LOUIS DE CHALON, comte d'Auxerre.

THOMAS DE PISAN, alchimiste du roi.
RICQUET, fou du roi.
LE HÉRAUT DE FRANCE.
UN CAPITAINE ANGLAIS.
JACKSON, archer anglais.
PATRICK, goujat irlandais.
LE SERGENT BARDOLPH.
UN ARCHER ANGLAIS.
UNE SENTINELLE ÉCOSSAISE.
THIBAUD, vassal de Mauny.
UN QUARTENIER.
UN VIEUX PAYSAN.
UN BOURGEOIS GRAS.
UN BOURGEOIS MAIGRE.
UN PAGE DE MAUNY.
LES TROIS SPECTRES DE HUON, JACQUES ET PHILIPPE
    DE MAUNY (personnages muets).
CLOTILDE, dame de Mareuil, 22 ans.
UNE JEUNE FILLE, vassale de Mauny.
UNE FEMME, vassale d'Hartecelle.
LIÉNARDE, ⎱
MARGOT, ⎰ ribaudes.

GENTILSHOMMES ET HOMMES D'ARMES FRANÇAIS ET ANGLAIS. —
    VASSAUX ET VASSALES DE MAUNY. — BOURGEOIS ET VASSAUX
    D'HARTECELLE. — RIBAUDES. — PAGES. — VARLETS, ETC., ETC.

PERSONNAGES DE L'ÉPILOGUE
1380.

BERTRAND DU GUESCLIN.
OLIVIER DE MAUNY.
ALAIN, son fils, page de du Guesclin.
LE DUC D'ANJOU, frère du roi.
LE GOUVERNEUR ANGLAIS du château de Randon.
UN MÉDECIN.

    GENTILSHOMMES ET SOLDATS ANGLAIS ET FRANÇAIS.

LA
GUERRE DE CENT ANS

PROLOGUE

LE VAINCU DE POITIERS.

(18 septembre 1356).

Une salle basse du château de Mauny, en Poitou. Architecture du style roman ;
plein cintre ; piliers lourds et massifs. Un jour sombre pénètre par des fenêtres
très-étroites. — Au fond, une grande porte ronde à deux battants, fermée. —
Sur les côtés, deux portes du même style, plus petites, ouvertes. — A gauche,
une vaste et haute cheminée, avec un grand feu de bois. — Auprès de la cheminée, un large fauteuil de chêne sculpté, surmonté d'un écusson aux armes de
Mauny. L'écusson de Mauny, timbré de la couronne comtale, aux neuf perles,
et supporté par deux lions passants, porte de chêne au naturel sur champ d'or.
— Au premier plan, presque au centre de la scène, un banc de bois à dossier

avec coussins armoriés. — Des trophées d'armes et de chasse ornent les murailles. — Escabeaux, crédences, dressoirs.

SCÈNE PREMIÈRE.

LA COMTESSE HERMENGARDE DE MAUNY, femme d'une quarantaine d'années, est assise au coin du feu, dans le grand fauteuil, et file son rouet avec gravité. Sur le banc, au premier plan, **HUGUES,** vieil homme aux longs cheveux blancs, qui paraît avoir quatre-vings ans, est ass's dans l'attitude d'un conteur. — Autour de lui sont groupés les quatre dern:ers nés de la famille, **HUON, JACQUES, PHILIPPE** et **ALAIN DE MAUNY,** qui l'écoutent avidement. Le plus grand a seize ans environ ; Alain, le plus petit, âgé de dix ou douze ans, est entre les genoux du vieillard. Au second plan, **DOM BERTRAM,** le chapelain, se promène lentement de long en large, et lit dans son livre d'heures.

HUGUES, continuant son récit.

Quand les piquiers flamands, quand les archers génois,
Quand tous les hauts barons, fameux dans les tournois.
D'Harcourt et d'Alençon, ces rivaux magnanimes,
L'archevêque de Sens et l'évêque de Nîmes,
Flandres, Nevers, Beaujeu, le sire de Thouars,
Près de qui les plus fiers paraissaient des couards,
Paul, prieur de Conflans et d'Alep en Syrie,
Lorsque les gens de pied et la chevalerie
Furent anéantis, le roi de France, alors,
Philippe six, sous qui trois chevaux étaient morts,
De ce charnier sanglant mesurant l'étendue,
Hurla, tordant ses mains : « La bataille est perdue! ».

LES QUATRE ENFANTS.

Ah !

HUGUES.

Pâle, rassemblant son fougueux palefroi
Et brandissant l'épée aux fleurs de lis, le roi
Voulait mourir ; mais Jean de Haynault, le bon comte.
Arrêta son cheval et lui dit : « Tenez compte
Que nombre de vaillants sont demeurés ici,
Et que c'est bien assez ; que du jour de Crécy
La France gardera l'éternelle rancune...
Vivez pour la venger, vous êtes sa fortune ! »
Philippe tourna bride ; et tout était fini.

ALAIN.

Et mon père ?

HUGUES.

Messire Enguerrand de Mauny
Se trouvait parmi ceux du roi Jean de Bohême ;
J'étais son écuyer, et je me souviens même
Qu'au matin nous avions communié tous deux.
Vers la fin du combat, — j'étais à côté d'eux
Et je puis raconter tout ce qu'a fait mon maître, —
Jean de Bohême, aveugle, et blanc comme un ancêtre.
Requit le seigneur comte et son autre servant,
Ingomar le Bancal, d'entraîner en avant
Sa jument du Danube à la robe jaspée,
Afin qu'il pût férir encore un coup d'épée ;
Et, comme un vieux faucon entre deux tiercelets,
Ces trois hommes unis coururent aux Anglais.

Je les trouvai, la nuit, sur le champ de bataille,
Couchés tous trois, et seul, bien qu'une large entaille
Ouvrît son front, reçue en brave, par devant,
Enguerrand de Mauny fut relevé vivant.
Il guérit, puis au roi s'en alla rendre hommage.

ALAIN, *avidement.*

Après ?

HUGUES.

Après, c'est tout.

ALAIN.

C'est tout ! Ah ! c'est dommage.

HUGUES.

Mais, mon jeune seigneur, c'est bien toujours ainsi
Que je vous ai conté l'affaire de Crécy.

ALAIN, *un peu désappointé.*

C'est vrai.

Vers la fin du récit, la comtesse a laissé sa quenouille et a écouté avec attention, puis elle s'est levée et approchée du groupe formé par Hugues et les enfants.

LA COMTESSE.

Très-bien parlé, mon vieil Hugues. L'histoire
Est bonne à répéter. Grave dans la mémoire
De ces enfants, grandis aux heures de danger,
Le récit des malheurs qu'ils auront à venger.

HUGUES, *debout.*

Peut-être qu'aujourd'hui, dame, le roi de France
Les répare ?

LA COMTESSE.

                    Peut-être !... et c'est notre espérance,
Mais c'est ma crainte encor. Car mon noble Enguerrand,
Qui du choc de Crécy s'est relevé si grand,
Et votre aîné, mes fils, sont, à l'heure où nous sommes,
Aux côtés du roi Jean de France avec leurs hommes.
Hier ils s'en sont allés, du côté du levant,
Dès le matin, le cœur joyeux, bannière au vent,
Trois de front et formant une colonne étroite,
Vêtus de fer de pied en cap, la lance droite,
Fermes sur leurs chevaux bardés de fer comme eux ;
Et l'aurore de pourpre, à l'horizon brumeux,
Jetait une lueur fauve sur chaque armure.
Par la route poudreuse, avec un lourd murmure,
Ils sont partis, et moi, du sommet de la tour,
Longtemps je les suivis des yeux jusqu'au détour
Du chemin qui les mène aux glorieux voyages.
Tout à coup le soleil, déchirant les nuages,
Sur les casques, sur les lances, sur le drapeau,
Darda ses traits de flamme, et rien n'était plus beau
Que cette hydre d'acier rampant vers les batailles,
Dont le midi faisait resplendir les écailles.
— Ah ! de tous ces amis partis pour les combats,
Combien de braves gens qui ne reviendront pas !
Qui sait ? Ni mon mari ni mon aîné peut-être.

HUGUES, avec colère.

Enfer ! ne plus pouvoir accompagner mon maître !
Être vieux, bon à rien !

ALAIN, à sa mère.

                    Mon grand frère Olivier,
Mère, est bien heureux.

HUGUES.

                    Oui. Plus d'un doit l'envier,
Messire Alain. Pour lui, c'est la grande journée !
Car il a l'heur d'avoir son épée étrennée,
Et de combattre, encore enfant, comme un barbon,
Sous les yeux de son père et du roi Jean le Bon.

LA COMTESSE.

Ah ! qu'il avait bon air, mon fils, sous la cuirasse !
Je pressens qu'il sera la gloire de sa race ;
Mais que Dieu, de sa tête écartant le péril,
Me le ramène sain et sauf !

LE CHAPELAIN, s'approchant du groupe, avec onction.

                    Ainsi soit-il !
Mais, depuis ce matin, après la sainte messe,
Selon votre désir et selon ma promesse,
Dans leurs flambeaux d'argent brûlent, devant l'autel,
Dix cierges en l'honneur de monsieur saint Michel
Archange et pourfendeur de Satan. Ainsi, dame,
Vous pouvez éloigner tout souci de votre âme,
Et messire Olivier est sous l'aile de Dieu.
D'ailleurs, ce qui devra contribuer un peu
A vous donner espoir dans une issue heureuse,
C'est que notre excellente armée est plus nombreuse

Que celle des Anglais et que, devant Poitiers,
Autour du roi, qui vient d'y prendre ses quartiers,
Sont rangés les meilleurs parmi ceux qu'on redoute.

LA COMTESSE.

Certes, notre noblesse est là, pour périr toute
Ou pour vaincre et chasser, jusqu'au dernier des leurs,
Ces Anglais dont l'orgueil grandit par nos malheurs.
Mais la victoire, hélas! que la France souhaite,
Peut me coûter autant, à moi, que la défaite.
Ah! que de deuils ce soir! N'importe, faible cœur,
Mieux vaudrait tous les miens morts que l'Anglais vainqueur!
Mais à présent tout est décidé par la guerre.

La nuit est tombée peu à peu. Des pages apportent des flambeaux.

La nuit! Ah! cette nuit, je ne dormirai guère.

LE CHAPELAIN.

Nous prîrons tous, madame.

LA COMTESSE.

                    Il se fait tard, mes fils.
Dom Bertram, menez-les aux pieds du crucifix
Et faites-les prier pour la France, leur père
Et le roi.

*Les enfants viennent l'un après l'autre mettre un genou en terre devant
leur mère, qui leur donne sa main à baiser. Quand vient le tour d'Alain,
le plus petit, elle l'embrasse.*

     Bonne nuit, mes chers enfants.

Le chapelain et les quatre enfants sortent.

                              1.

SCÈNE II.

LA COMTESSE, HUGUES.

HUGUES, se promenant avec agitation.

J'espère

Qu'on n'a pas oublié les fautes de Crécy,
Qu'on est sûr du terrain, et que, cette fois-ci,
Dans leur fuite ce tas de ribauds et de drôles
Vont sentir nos chevaux leur souffler aux épaules.
Taillez, mort-Dieu! taillez!... Et ne pas être là!

LA COMTESSE, assise.

Oh! mon cœur jamais plus qu'aujourd'hui ne trembla.
Notre temps est terrible et la guerre cruelle.

HUGUES.

Courage, compagnons! Tue! A Mons-en-Puelle,
J'éventrai deux Wallons qui demandaient quartier;
Et ceux-là n'étaient pas des Anglais. Un routier
Comme moi ne pas voir une pareille fête!

LA COMTESSE.

Hugue, a-t-on fait monter un guetteur sur le faîte
De la plus haute tour?

HUGUES.

Oui, mais il fait bien noir.

Avant le clair de lune, il ne pourra rien voir ;
Et le temps est couvert.

LA COMTESSE.

Oh ! l'attente ! l'attente !

SCÈNE III.

LA COMTESSE, HUGUES, UN PAYSAN
amené par des varlets.

LA COMTESSE.

Que veut cet homme ?

UN VARLET.

Il dit que vous serez contente,
Dame ; il a du nouveau, car on prétend là-bas
Que les Anglais...

HUGUES, vivement, au paysan.

On les a battus, n'est-ce pas ?

LA COMTESSE, au paysan intimidé.

Parle donc, mon ami, parle !

LE PAYSAN.

Très-noble dame,
Je ne sais rien, je n'ai rien vu. Pourtant ma femme,

La Mahaut, qui revient du marché, ce matin
A rencontré — mais rien n'est encore certain —
Notre révérend père Ignace sur sa mule.
Il a dit à Mahaut... Mais, dame, j'ai scrupule...
Car ce n'est qu'un bruit vague...

HUGUES, impatienté.

> Ah ! le bavard maudit !

LA COMTESSE, au paysan.

Oui, ne te trouble pas.

LE PAYSAN.

> Eh bien, dame, il a dit,
— Mais le moine non plus n'a rien vu par lui-même, —
Que les Anglais étaient vaincus, qu'un stratagème
Des nôtres les avait rejetés dans le Clain,
Qu'ils étaient tous noyés et qu'auprès du moulin,
Des cadavres étaient arrêtés par la herse...
Mahaut vient de rentrer, j'ai pris par la traverse,
Et je suis accouru bien vite... Ah ! j'oubliais
Que le moine avait bu quelque peu.

HUGUES, furieux.

> Grand niais !

Que nous importe ?

LE PAYSAN.

Enfin, voilà toute l'histoire.

LA COMTESSE.

Bien, merci.

Aux varlets.

Qu'on lui donne un coup de vin.

Le paysan sort avec un des varlets.

SCÈNE IV.

LA COMTESSE, HUGUES, VARLETS.

HUGUES, fou de joie.

Victoire !

Victoire ! Les nouveaux valent les anciens.
Qu'est-ce que j'avais dit ? Noyés comme des chiens !
A l'eau, le Prince Noir ! à l'eau, Chandos !

LA COMTESSE.

Mon brave,

Ta joie est bien hâtive et le moment est grave.
Qui sait si la nouvelle est sûre ?

SCÈNE V.

LA COMTESSE, HUGUES, LE GUETTEUR, VARLETS.

LA COMTESSE, au guetteur.

Qu'est-ce encor ?

LE GUETTEUR.

Noble dame, on entend au loin le son du cor
Et comme un bruit confus de cavaliers en fuite.

HUGUES.

Ils se sauvent, pardieu! Tayaut! à la poursuite !

LA COMTESSE.

Mais peut-on distinguer?...

LE GUETTEUR.

Rien, madame. Le temps
Est trop sombre.

LA COMTESSE.

Dieu soit avec nos combattants
Et que son assistance à notre espoir réponde !

Au guetteur.

Toi, retourne au donjon, vite.

Un instant après le guetteur, Urgande, jeune femme en haillons, les cheveux épars, les yeux égarés, est entrée et est venue s'asseoir au coin du feu, sur un escabeau. — Le guetteur sort.

SCENE VI.

LA COMTESSE, HUGUES, URGANDE, VARLETS.

LA COMTESSE, *apercevant Urgande, avec ennui.*

La vagabonde !

HUGUES, *fâché.*

Urgande ! Que nous veut cet oiseau de malheur ?

LA COMTESSE, à Hugues.

Paix ! les fous sont sacrés.

URGANDE, comme à elle-même.

Ah ! la bonne chaleur !...
Et plus d'un aura froid, cette nuit, dans la plaine,
Froid pour toujours !... Hier, ils chantaient à voix pleine,
Ils buvaient, ils forçaient les filles... Aujourd'hui,
Tous ceux qui n'auront pas la honte d'avoir fui,
— Noble ou vilain, soldat de race ou de fortune, —
Dorment sous le regard glacial de la lune.

LA COMTESSE, à Hugues.

Que dit-elle donc ?

HUGUES.

Bah ! ça n'a pas sa raison.
Depuis que les Anglais ont brûlé sa maison
Et massacré son homme, elle est folle.

LA COMTESSE, à Urgande, avec douceur.

Ma bonne,
Tu parles de fuyards. Qui donc a fui ?

URGANDE, avec égarement.

Personne...
Que m'importe ?... J'ai vu des morts et des blessés ;
Mais étaient-ils Anglais ou Français ? Je ne sais.
On a tué beaucoup, beaucoup de gens de guerre...
Tant mieux ! car ils m'ont fait assez de mal naguère.

Elle tombe dans une profonde rêverie, puis chante à demi-voix, sur un rhythme monotone.

> *J'ai cherché dans la lande verte*
> *La fleur qui fait aimer toujours.*
> *Comme la maison est déserte!*
> *Où donc sont allés mes amours?*

LA COMTESSE.

Qu'elle est triste, ce soir!... Parmi les gens d'ici,
Hugues, ne dit-on pas qu'elle est voyante?

HUGUES.

                            Si ;
Et parce qu'elle va cueillir dans les clairières
Des simples, en disant de bizarres prières,
Qu'elle guérit la lèpre et le mal des ardents,
On la croit fée.

LA COMTESSE, à Urgande qui regarde le feu.

          Eh bien, que vois-tu là dedans,
Urgande? Que lis-tu dans l'âtre qui flamboie?

URGANDE, lentement.

J'y vois beaucoup de peine, après beaucoup de joie...
Je vois un chêne... un chêne avec cinq rameaux verts.

LA COMTESSE, inquiète.

Les armes de Mauny?

URGANDE.

             Déjà trois cents hivers
Ont fait croître sa tête et durcir son écorce.

C'est un arbre géant, plein de séve et de force.
Il est farouche et noir ; mais l'oiseau le bénit,
Car il peut, en avril, y suspendre son nid.

LA COMTESSE, à elle-même.

Cinq rameaux ? J'ai cinq fils, et, grande et vénérée,
La maison de Mauny protége la contrée.
Est-ce une prophétie?

URGANDE.

Ah! là-bas, dans les airs,
Un nuage effrayant roule, chargé d'éclairs...
La foudre gronde, éclate et frappe!... c'est la tête
Qui tombe.

LA COMTESSE.

Mon époux! Ah! grand Dieu!

URGANDE.

La tempête,
Terrible bûcheron à sa tâche acharné,
Accable de ses coups l'arbre découronné.
— Oh! des étés vermeils lamentable revanche! —
Une branche est brisée, et puis une autre branche...
Mais le roi des forêts brave encore le ciel.

LA COMTESSE.

Deux de mes fils aussi!

URGANDE.

Dans ce sombre duel,
Qui donc sera vainqueur?... Une autre branche casse,

Et puis une autre, et puis... Mais non, l'orage passe...
Et du tronc mutilé, noir des marques du feu,
Un rameau, le dernier, grandit sous le ciel bleu !

Silence. — Urgande, qui est retombée dans sa rêverie, s'éloigne à pas lents et sort en chantant d'une voix lente :

> *On pleure dans la salle basse ;*
> *Le marteau résonne à coups sourds...*
> *Hou ! hou ! c'est un hibou qui passe.*
> *Où donc sont allés mes amours ?*

LA COMTESSE, *absorbée.*

Un seul de mes enfants survivrait ?

HUGUES, *avec colère, à Urgande, qui sort.*

Vieille folle !

A la comtesse.

Dame, n'allez-vous pas la croire sur parole ?
Ce sont des mots en l'air.

LA COMTESSE.

Qui sait ?

On entend le son rapproché d'un cor.

Le cor ! Ouvrez.

C'est Enguerrand !

Par la porte du fond, Olivier, le fils aîné, entre violemment, l'armure bossuée, sans casque, haletant et dans le plus grand désordre.

SCÈNE VII.

LA COMTESSE, HUGUES, OLIVIER, puis EN-
GUERRAND, Hommes d'armes, Vassaux,
Pages, Varlets.

LA COMTESSE, embrassant son fils.

Mon fils !... Et ton père?

OLIVIER, d'une voix sombre.

Pleurez !

LA COMTESSE, dans un cri.

Ah !... mort?

OLIVIER.

Non, mais blessé mortellement.

HUGUES.

Mon maître !

LA COMTESSE.

Du secours !

OLIVIER.

Vite, vite ! Allez quérir le prêtre,
Car on amène ici mon père moribond.

Aux vassaux qui sont entrés avec lui.

Et nous tous, aux remparts, amis ! Levez le pont !
Quiconque ne vient pas mourir se déshonore.
L'Anglais vainqueur nous suit.

HUGUES, avec un grand cri.

L'Anglais !

Le comte Enguerrand de Mauny tout sanglant, à demi dépouillé de ses armes et soutenu par deux soldats, paraît au fond. La comtesse accourt à sa rencontre. Quelques hommes d'armes, portant les traces du combat, entrent à la suite du comte et se mêlent à la foule des vassaux qui envahit la scène. — Moment de silence. — Le blessé, qu'on a déposé sur le banc, se soulève, et, d'une voix profonde :

LE COMTE.

Vaincus encore !
Vaincus toujours !

OLIVIER.

Mon père !

LE COMTE.

Oui, va, mon noble fils !
Heureux, trois fois heureux le jour où je te fis !
Tu restes brave, toi, quand tout le monde est lâche.

OLIVIER.

Père, l'Anglais approche.

LE COMTE.

Eh bien donc, fais ta tâche.
Ce château peut tenir deux mois. Si les Anglais
Veulent donner l'assaut, enfant, repousse-les.
Ils viendront se briser contre nos citadelles...
Où les cœurs ont faibli, les murs seront fidèles.

OLIVIER.

Aux créneaux, compagnons !

Il sort avec les hommes d'armes et les vassaux.

SCÈNE VIII.

LE COMTE, LA COMTESSE, HUGUES, PAGES.

LA COMTESSE.

Enguerrand, mon époux,

Réponds-moi !

LE COMTE.

Mes enfants, qu'on les amène tous !

Un page sort.

LA COMTESSE.

Votre sang coule ; il faut vous panser, seigneur comte.

LE COMTE.

Ma blessure n'est rien, femme, je meurs de honte.

LA COMTESSE.

Vous êtes un héros !

LE COMTE.

Je ne suis qu'un vaincu !

HUGUES.

Ah ! vous ne mourrez point !

LE COMTE.

J'ai déjà trop vécu.
Tous ont fui ! La France est morte ! Je désespère !
Mes enfants ? Où sont-ils ? Je les veux.

Les enfants entrent amenés par le chapelain.

SCENE IX.

LES MÊMES, HUON, JACQUES, PHILIPPE
et ALAIN DE MAUNY, DOM BERTRAM.

ALAIN.

Ah ! mon père.

Les quatre enfants entourent leur père blessé.

LE COMTE, à ses fils.

Venez auprès de moi. Toi, femme, écoute bien,
Car ton cœur est vaillant et fort comme le mien ;
Et, pareille à l'écho qui redit les tempêtes,
Toi, la mère, il faudra que tu les leur répètes,
Ces derniers cris de rage et d'honneur révolté
Que je jette en mourant à tant de lâcheté.
Et vous, enfants, Alain, Huon, Philippe, Jacques,
Sachez qu'il vaudrait mieux pour vous faire vos Pâques
En état de péché mortel, qu'il vaudrait mieux
Vendre la sainte hostie aux Juifs astucieux
Et contracter avec Satan un pacte infâme,
Que de jamais laisser s'effacer de votre âme,

Avec le souvenir de nos espoirs trahis,
La haine de l'Anglais et l'amour du pays !
— A boire ! car je brûle et la fièvre m'altère.

HUGUES, lui présentant à boire.

Voici.

LE COMTE, après avoir bu.

Depuis vingt ans, les hommes d'Angleterre,
Sous un prince félon, aventuriers pillards,
Las de leur île froide aux éternels brouillards,
Avare de froment et rebelle à la vigne,
Foulant sous leur talon le vieux droit qui s'indigne,
Ont fondu sur la France, afin de s'y gorger,
Tels qu'un vol de corbeaux au milieu d'un verger.
On luttait jusqu'ici, sans succès, non sans gloire.
Ils s'étendaient partout, hideuse tache noire
Qui grandissait toujours sur le sol dévasté,
Comme au corps d'un lépreux un ulcère empesté.
Cette fois, on croyait proche la délivrance ;
On espérait les vaincre, enfin ! Le roi de France
Nous avait conviés tous au suprême effort ;
Et tous étaient venus, joyeux ; du sud au nord,
On avait réuni l'ost et la chevauchée,
Communiers court-vêtus, noblesse empanachée,
Mercenaires payés par tête un écu d'or !
Et chacun avait fait son devoir, plus encor :
Qui devait une lance en avait fourni quatre ;
Le noble, avec ses fils en état de combattre,
Se présentait, lion entre ses lionceaux ;

Le moindre banneret amenait ses vassaux ;
Nous étions quatre-vingt mille hommes ; la victoire
Était sûre ; ils étaient acculés à la Loire ;
Eux-mêmes se sentaient perdus : Plantagenet
Offrait de se soumettre ; enfin, on les tenait !

HUGUES.

Mais alors ?

LE COMTE.

Trahison ! déshonneur ! infamie !
Dès le premier effort de l'armée ennemie,
Gens à cheval, archers, frondeurs, cranequiniers,
Sans avoir combattu presque, — deux corps entiers ! —
Lâchent pied tout à coup, poursuivis par les flèches.
Ainsi qu'au vent d'hiver volent les feuilles sèches,
Ils courent dans la plaine, abandonnant le roi.
Et ceux qui, les premiers, cédèrent à l'effroi,
Ceux-là devaient montrer l'âme la plus loyale ;
C'étaient des chevaliers d'une race royale,
C'étaient tous les seigneurs des fleurs de lis, enfin,
— Oh ! j'en pleure ! — c'était monseigneur le Dauphin !

HUGUES.

Ainsi donc tout le monde a fui ? Toute l'armée ?

LE COMTE, après un signe de dénégation.

La bataille du roi n'était pas entamée ;
Et presque tous ceux-là sont morts ou prisonniers.

HUGUES.

Mais le roi Jean ?...

LE COMTE.

Le roi fut parmi les derniers
Qui tinrent bon autour de la vieille bannière.
Terrible, ensanglanté, secouant sa crinière,
Longtemps il arrêta les Anglais menaçants.
Auprès de lui, son fils, un enfant de treize ans,
Parait les coups. Tous deux avaient une blessure,
Et, bien qu'à ce moment la défaite fût sûre
Et que par la saignée ils fussent affaiblis,
Ils se battaient encor pour la gloire des lis.
Ah! ce sont deux héros! ce sont deux cœurs sublimes!
A leurs côtés mon fils et moi nous combattîmes
Jusqu'à la fin, tenant les Anglais en échec...
Mais tout était perdu. Quand Denys de Morbec
Reçut le gant du roi dont l'arme était brisée,
Réunissant alors notre force épuisée,
Invoquant saint Michel, et, la hache à la main,
A travers l'ennemi nous frayant un chemin,
Nous pûmes, tout couverts de sang, comme en démence,
Sortir, sans déshonneur, de ce désastre immense...
— Ah! je me sens mourir! Chapelain, absous-moi!
Je suis un grand pécheur, mais je meurs pour mon roi,
Pour la France !

Le chapelain étend la main sur la tête du comte qui défaille.

LA COMTESSE, avec désespoir.

La France est perdue et flétrie!

LE COMTE, se redressant.

Qu'ai-je entendu? Qui donc doute de la patrie?

Plus près, enfants, plus près ! Que je vous sente tous...
J'ai quelque chose encore à vous dire. A genoux !
A votre âge, on oublie aisément ; mais j'espère
Que vous vous souviendrez d'avoir vu votre père
Mourir devant vos yeux en maudissant l'Anglais.
Les hontes d'aujourd'hui, mes enfants, lavez-les !
Grandissez, car l'espoir des vengeances lointaines
Est en vous ; devenez soldats ou capitaines ;
Mais songez aux aïeux et chassez ces maudits !
Et, pour vous rappeler les choses que je dis,
Plus tard, quand il faudra, je veux que ma blessure
A vos têtes d'enfants laisse une éclaboussure...
Je vous lègue à la mort, tout en vous bénissant.
Soyez braves !... Adieu, fils marqués de mon sang !

Il plonge sa main dans sa blessure béante et la pose, toute sanglante, sur le front de ses quatre fils.

LA COMTESSE.

Ah ! c'est affreux !

Tumulte au dehors.

SCÈNE X.

LES MÊMES, OLIVIER.

OLIVIER, *entrant vivement, l'épée à la main.*

L'Anglais !... Il arrive, mon père.
Mais tout est prêt. Mauny défendra son repaire.
Nos hommes sont armés et nos murs bien garnis.
Qu'il vienne !...

LE COMTE.

Bien, mon fils...

Il se lève, et dans un suprême effort :

Montjoie et Saint-Denis !

Il tombe mort.

LA COMTESSE, *à genoux.*

Mort ! Ah ! miséricorde !

HUGUES, *affolé.*

Une épée ! une épée !

Olivier, entouré de Philippe, Huon, Jacques et Alain de Maunv, étend son épée sur le cadavre du comte.

OLIVIER.

Le chêne ne meurt pas dont la tête est coupée.
Mon père, j'ai gagné sous toi mes éperons,
Et je jure avec eux

Il désigne du geste ses jeunes frères.

Que nous te vengerons.

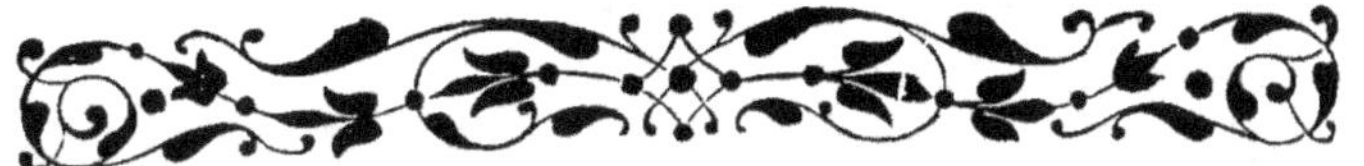

ACTE PREMIER

BERTRAND DU GUESCLIN.

(Avril 1364).

Au château de Mauny. — La salle des armures.

SCÈNE PREMIÈRE.

OLIVIER, CLOTILDE.

On entend au dehors des fanfares de chasse qui s'éloignent.

CLOTILDE, au fond de la scène et parlant au dehors.

Messire du Guesclin, bonne chasse !

OLIVIER.

Il s'éloigne,

Et je ne doute pas que bientôt il ne joigne
Cette louve qui m'a décimé mes troupeaux.
Brave ami ! C'est ainsi qu'il use du repos
De la trêve. Chacun, débouclant sa cuirasse,
S'en va vite revoir sa femme qu'il embrasse

Et son petit enfant qu'il retrouve grandi ;
Mais le rude Breton craint trop d'être engourdi
Par les molles douceurs du lit et de la table,
Et, s'il entend parler d'un gibier redoutable,
— Que ce soit un routier anglais ou bien un loup, —
Du Guesclin, excité par l'espoir d'un beau coup,
Va l'attaquer, le tue, et rapporte la tête
Ou le butin sanglant de l'homme ou de la bête.

CLOTILDE.

Vous aimez du Guesclin.

OLIVIER.

       Certes, il m'est bien cher,
Et nous sommes unis comme l'âme et la chair,
Tous deux, par des liens qui ne sont pas fragiles ;
Car en joignant nos mains sur les saints Évangiles,
Nous nous sommes juré, pour nous et pour nos hoirs,
Par sang et par fiance, et par tous nos pouvoirs,
Contre tous, en tous cas de péril ou d'esclandre,
De toujours nous aider, conforter et défendre,
Sauf contre l'ancien droit, qui n'est jamais caduc,
Des suzerains : le roi de France et le bon duc
De Bretagne, pour qui sire Bertrand commande
La tour de Pontorson sur la côte normande.
Que celui qui rompra le pacte soit honni !

CLOTILDE.

J'ai donc bien fait, cousin, de venir à Mauny,

Car je puis, dans un temps troublé comme le nôtre,
Avoir un jour besoin de son bras et du vôtre.

OLIVIER.

Vous menaçerait-on ?

CLOTILDE.

Peut–être. Mon mari...

OLIVIER.

Le bâtard de Mareuil !

CLOTILDE.

Oui, le vil favori
De Charles-le-Mauvais est toujours en intrigue.
Il voyage, ourdissant on ne sait quelle ligue
Entre le Navarrois et les gens d'outre-mer,
Dont il dépend étant bailli de Saint–Omer
Et viguier de Saint–Jean–de–Luz, en pays basque.

OLIVIER.

Une ligue ! Tant mieux ! Qu'ils jettent donc le masque !
Cette trêve menteuse a duré trop longtemps,
Qu'ils la rompent ! Pardieu ! nous serons tous contents...
Oui, mais Charles, ce roi de France au cœur de lièvre,
Sera-t-il enfin pris de quelque noble fièvre ?
J'en doute, car depuis déjà huit ans entiers
Il porte le front haut sa honte de Poitiers.

CLOTILDE.

C'est vrai, mais cette fois il faudra bien qu'il ose,
Car il doit se tramer contre lui quelque chose

De grave. Mon mari se démène. A Bordeaux,
Il est allé, le mois dernier, trouver Chandos
Et voir le Prince Noir, dans le plus grand mystère.
Moi qui vis seule dans Hartecelle, ma terre,
Sous la protection du roi Charles, j'ai su
Qu'autour de mon château des gens l'ont aperçu,
Sous un déguisement, en espion qui rôde.
La guerre déclarée, il tentera par fraude
Ou par un coup de main d'enlever mon manoir.
Aussi, mon cher cousin, comme il faut tout prévoir,
Par avance je viens vous demander votre aide.

OLIVIER, avec chaleur.

Ma cousine, c'est bien. Tout ce que je possède,
Mon trésor, mes vassaux et mon bras sont à vous.
Hélas! pourquoi faut-il qu'à cet indigne époux,
Jeune fille, on ait pu vous livrer sans défense!...
Oh! qu'il est loin le temps béni de notre enfance
Où j'admirais déjà vos yeux ensorceleurs!
Je vous servais de page et portais vos couleurs,
Et j'étais attendri par la gente manière
Dont vous saviez ouvrir votre main aumônière;
Et je rêvais déjà, sans rien dire, à ce jour
Où je verrais, le cœur tout débordant d'amour,
Du seuil jonché de fleurs de ma tour pavoisée,
Sur son destrier blanc venir mon épousée,
Pendant qu'au ciel joyeux les cloches du beffroi
Enverraient leur salut ainsi que pour le roi!
— Oh! comme l'espoir ment et que l'heure en est brève! —

La clameur de la guerre interrompit mon rêve.
Je combattis, je fus prisonnier des Anglais,
Je restai dix-huit mois otage dans Calais,
Je revins... Vous étiez la femme de ce traître !
Oh ! je le tûrai !

CLOTILDE.

Non, car Dieu seul est le maître
De rompre un joug si lourd et si honteux pour moi.
Fidèle à mon serment qui fut de bon aloi,
Je suis prête à subir jusqu'au bout mon épreuve.
Jamais son meurtrier n'épousera sa veuve !

OLIVIER.

Clotilde !...

CLOTILDE, l'arrêtant.

Plus un mot... Votre frère.

Alain entre, tenant une viole à archet.

SCÈNE II.

OLIVIER, ALAIN, CLOTILDE.

CLOTILDE, à Alain.

Ah ! cousin,
Ainsi qu'aux cours d'amour du pays toulousain,
Où vous eût couronné jadis Clémence Isaure,
Vous voici donc avec l'archet et la mandore !
Vous nous avez déjà montré, beau jouvencel,
Ce vitrail où l'on voit saint George et ce missel

Où sont peints les bergers et la Vierge Marie.
A présent, dites-nous de vos vers, je vous prie.
Olivier m'a vanté les expertes façons
Dont vous savez rimer et dire des chansons.

ALAIN, *s'incline, et chante en s'accompagnant sur sa viole.*

VILLANELLE.

J'ai perdu le cœur de ma mie,
Le tiers dimanche de l'Avent;
Désormais je n'aimerai mie.

De ses yeux la douce alchimie
Avait fait de moi son servant;
J'ai perdu le cœur de ma mie.

Plus gente que Déidamie,
Elle avait l'esprit à l'évent;
Désormais je n'aimerai mie.

Dédaignant ma plainte gémie.
Elle me fuit dorénavant;
J'ai perdu le cœur de ma mie.

Ainsi que du pain qu'on émie,
Elle a jeté ma joie au vent;
Désormais je n'aimerai mie.

Ame triste et face blême,
Je pleure et j'y rêve souvent;
J'ai perdu le cœur de ma mie,
Désormais je n'aimerai mie.

CLOTILDE.

Ah ! mon gentil cousin, la villanelle est tendre,
Elle touche, et j'ai pris grand plaisir à l'entendre.

ALAIN, avec une nuance de tristesse.

C'est beaucoup de bonté, madame, merci bien.
J'étais faible, on m'a fait peintre et musicien :
De poésie et d'art ma vie est occupée.
Mais mon frère est fort, lui, c'est un homme d'épée !
Hier au soir vous prêtiez l'oreille à ses récits
D'Anglais exterminés et de Gallois occis...
Et vos yeux s'allumaient de joie et de colère !...
Eh bien, puisque tous deux nous tâchons à vous plaire,
Lesquels préférez-vous, — répondez sans détour, —
De ses hauts faits de guerre ou de mes chants d'amour ?

CLOTILDE, tendant ses mains aux deux frères.

Ne soyez point jaloux, chers amis que vous êtes ;
J'aime autant les vaillants que j'aime les poëtes.

OLIVIER, à Alain.

Ne parle pas ainsi, petit frère : on dirait
Que tu souffres toujours de ton même regret.
Ne sais-tu pas que si, de par mon droit d'aînesse,
J'ai dû jusqu'à présent écarter ta jeunesse
Du pénible métier des armes, que je suis,
C'est que tu n'étais pas, hélas ! comme je suis ;
C'est que ton corps d'enfant, si frêle et si débile,
A manier le fer te rendait malhabile ?
N'y songe plus. Tu n'es pas fait pour guerroyer.
Sois un grand clerc, deviens un illustre ouvrier ;
Écris sur le vélin, en de savantes rimes,
Des preux du temps présent les loyales escrimes,

Et, donnant le laurier à ces héros obscurs,
Fais resplendir leurs noms dans les siècles futurs.

ALAIN.

Mon Olivier, tu veux consoler ma faiblesse.
Merci... Mais je descends d'une antique noblesse,
Et moi, le dernier fils de pères si fameux,
Je ne combattrais pas pour mon pays comme eux !
Et dans quels temps encore, à quelle heure suprême ?
Quand la France vaincue et doutant d'elle-même
A signé, — souvenir terrible qui nous point ! —
Sous la main de l'Anglais qui lui broyait le poing,
Ce traité que sa haine à jamais désavoue
Et dont nous gardons tous la honte sur la joue !
O Brétigny ! traité fatal ! Ils nous ont pris
Dix provinces ; ils sont à deux jours de Paris ;
On doit trois millions d'écus d'or ; ils sont maîtres
Chez nous, sur le vieux sol où dorment nos ancêtres !
Et seul, ne faisant rien pour venger nos revers,
Moi, je peins une image et je chante des vers !

OLIVIER.

Alain !

ALAIN, avec une exaltation croissante.

Mon père est mort à Poitiers ; mes trois frères,
Malgré la trêve, épris des luttes téméraires,
Aux Anglais ont encor voulu donner souci,
Et les ont appelés aux champs clos sans merci !
Philippe fut tué devant Dol en Bretagne ;
Jacques, qui fit sous toi sa première campagne,

Eut l'honneur de mourir de la main de Chandos,
Dans un tournoi; Huon enfin, — c'est là son los ! —
Au siége de Dinan défendit une porte.
Seul contre six et sans vouloir crier main-forte,
Il les occit, n'ayant pour arme qu'un épieu,
Puis rendit l'âme. Ils sont à la droite de Dieu,
Qui leur permit d'avoir une mort noble et prompte.
Nous restons tous les deux : toi, le seigneur, le comte,
Le chef ! moi, le petit, le cadet, l'orphelin !
Émule et compagnon de Bertrand du Guesclin,
Ce terrible soldat, ce subtil capitaine,
Qui seul ose braver l'Angleterre hautaine,
Ton nom, comme le sien, est connu des Anglais !
Tandis qu'insoucieux, je compose des lais
Sur avril renaissant et l'amante rêvée,
Et, pareil à l'aiglon, dernier de la couvée,
Alors que mes aînés ont tous pris leur essor,
Je reste au nid, tremblant et sans plumes encor !...
C'est vrai ! je ne peux pas ! Ah ! lorsque je contemple
Le passé de ma race entière et ton exemple,
Vois-tu, frère, je sens ma raison s'égarer !
Je souffre !...

OLIVIER, s'approchant de son frère.

Mon Alain !

ALAIN, avec désespoir.

Non, laisse-moi pleurer.

Il sort brusquement.

SCÈNE III

CLOTILDE, OLIVIER.

CLOTILDE.

Pauvre enfant !

OLIVIER.

Comme vous son désespoir m'afflige.
Je voudrais le calmer, cousine, mais que puis-je ?
Si dans un corps souffrant sa grande âme en prison
Aspire à s'envoler vers le vaste horizon,
Regardez sa poitrine étroite et son front blême !
Je dois, moi qui lui tiens lieu de père et qui l'aime,
Lui défendre toujours, quoi qu'il en ait d'ennui,
Le métier de soldat, bien trop rude pour lui.
Ce devoir, un motif plus grave me le trace.
Une prédiction pèse sur notre race,
Qui nous destine tous à de sanglants trépas,
Sauf un seul. Trois déjà sont morts. Je ne crois pas
— Ma foi me le défend — à cette prophétie ;
Mais pourtant il faut bien que mon cœur s'en soucie ;
Car ma mère avait vu, dans un jour solennel,
Le front d'Alain marqué par le sang paternel,
Et, sur son lit de mort, elle me fit promettre
De veiller sur mon frère et de ne pas permettre
Qu'Alain connût la guerre et son enivrement ;
Et, tant que je pourrai, je tiendrai mon serment.

3

CLOTILDE.

Mais si la guerre vient dont le bruit se propage,
Que ferez-vous?

OLIVIER, avec un geste de résignation.

Hélas!

Entre un page.

Que demandes-tu, page?

LE PAGE, à Clotilde.

Dame, on veut vous parler sur-le-champ. Un vassal
D'Hartecelle, envoyé par votre sénéchal.

OLIVIER.

Un messager! Il faut savoir ce qu'il réclame.

CLOTILDE.

Qu'il entre.

OLIVIER, à Clotilde.

Je vous laisse.

Le page et Olivier sortent.

SCENE IV.

CLOTILDE, LE BATARD DE MAREUIL.

Il entre la tête couverte d'un capuce et vêtu comme un homme du peuple.

CLOTILDE.

Eh bien?

LE BATARD, se découvrant.

C'est moi, madame.

CLOTILDE.

Mon mari!...

LE BATARD.

Sachez donc pourquoi je suis venu.
Je vous suis un objet d'horreur, c'est convenu,
Et — vous n'en croyez rien — la chose m'est très-rude!
Or, tant que vous viviez en dame honnête et prude,
Je ne vous gênais point; mais, c'est bien différent,
Je vous trouve installée ici chez ce parent
Qui vous aimait jadis et qui vous aime encore,
Et, sans croire au cruel soupçon qui me dévore,
Je vous dis d'un esprit calme et sans me fâcher :
Ce n'est point votre place. Et je viens vous chercher.

CLOTILDE, avec hauteur.

Vous n'avez pas le droit de blâmer ma conduite.
Je ne vous connais plus, et si j'en suis réduite
A venir requérir l'aide de mes cousins,
C'est que j'ai pénétré sans peine vos desseins.
Hartecelle est la clef de la marche angevine,
Et Charles le Mauvais voudrait — je le devine —
Prendre ce château-fort où je tiens pour le roi.

LE BATARD.

Et quand cela serait! Hartecelle est à moi,
C'est votre dot!

CLOTILDE.

Le roi m'a rendu mon domaine,
En me faisant libre.

LE BATARD, *violemment.*

Ah! nulle puissance humaine
Ne peut vous affranchir du lien conjugal!
Quant à l'avis du roi, cela m'est bien égal
Qu'il vous protége ou non, ce lâche et cet avare!
Et mon seul suzerain, c'est Charles de Navarre.

CLOTILDE.

Oui, l'ami des Anglais!

LE BATARD.

Je n'obéis qu'à lui.

CLOTILDE.

Vous êtes des félons tous deux, car aujourd'hui
On vous voit, pour servir une basse rancune,
Avec nos ennemis faire cause commune!

LE BATARD.

J'imite la victoire... elle suit leurs clairons.

CLOTILDE.

La victoire est changeante, et nous la reverrons!

LE BATARD.

Par Crécy, par Poitiers, l'avenir se devine.

CLOTILDE.

N'avons-nous pas aussi Taillebourg et Bouvine?

LE BATARD.

Philippe et Louis neuf furent de très-grands rois ;
Mais comparez-les donc à Charles de Valois,
Ce malade, ce clerc qui tremble dans son Louvre !

CLOTILDE.

Sa faiblesse est peut-être un masque dont il couvre
Des projets dont l'Anglais un jour s'étonnera !

LE BATARD.

Soit. Gardez cet espoir. Mais quand ce jour viendra,
Quelle armée aurez-vous ? Les fuyards de la veille.

CLOTILDE.

Laissez faire ! Qui sait si le soldat qui veille
A son créneau n'est pas le héros de demain?

LE BATARD.

L'Angleterre est puissante. Elle tient dans sa main
Cette France, avec qui la gloire a fait divorce.
Si vous avez le droit, nous, nous avons la force,
Et cela vaut mieux.

CLOTILDE, dédaigneuse.

Lâche !

LE BATARD, avec colère.

Ah ! c'est trop. Voulez-vous
Me suivre?

CLOTILDE, résolûment.

Non, jamais !

LE BATARD.

Prenez garde ! L'époux
Que vous bravez, madame, a sa vengeance prête...
Je veux votre château. Je l'aurai. Par la tête
Et par le corps du Christ!... Et je vous châtîrai!

CLOTILDE.

Vous me parlez, monsieur, d'un ton bien assuré ;
Et, si de vous punir il me prenait envie,
Je pourrais bien d'un mot...

LE BATARD, avec un sourire ironique.

Oui, j'ai risqué ma vie.
Vous pouvez appeler votre amant.

CLOTILDE, indignée, avec force.

Vous mentez !

SCÈNE V.

CLOTILDE, LE BATARD DE MAREUIL, ALAIN.

ALAIN, entrant vivement.

Cousine, que vous veut cet homme ?

CLOTILDE, se remettant.

Rien.

Au Bâtard.

Sortez !

LE BATARD, s'inclinant et d'un ton douteux.

J'agirai donc selon vos désirs, châtelaine.

CLOTILDE.

Allez.

Le Bâtard sort.

ALAIN.

Cet homme avait le regard plein de haine.
Sa voix était farouche et semblait menacer.

CLOTILDE.

Il parlait un peu haut, mais je dois l'excuser,
C'est un bon serviteur.

ALAIN, avec feu.

Je mourrais, je vous jure,
Avant que devant moi quelqu'un vous fît injure !

CLOTILDE, souriant.

Merci !

Fanfares au dehors.

Mais les chasseurs reviennent au château.

ALAIN.

C'est Du Guesclin !

SCENE VI.

ALAIN, CLOTILDE, BERTRAND DU GUES-
CLIN, OLIVIER, PAYSANS et VARLETS, avec tout
un équipage de chasse. — Quand Du Guesclin paraît au fond, ses habits
en lambeaux et portant dans sa main la tête d'une louve, il est salué par
un long cri.

LES PAYSANS.

Hurrah! Hurrah!

DU GUESCLIN.

Par saint Kado!
La bête avait mis bas, la semaine dernière,
Cinq louvards... Elle était sur eux dans sa tanière,
Et les a défendus avec rage, sans fuir.
La voilà...

Un page le débarrasse de la dépouille de la louve.

Si j'y perds une veste de cuir
Qui m'avait bien coûté deux sous d'or à la foire
De Vitré, j'ai du moins, madame, cette gloire
De mettre ce hideux trophée à vos genoux;
Et ces braves gens-là, pour qui les maîtres loups,
Autant que les routiers anglais, sont redoutables,
En auront six de moins à piller leurs étables.

Du Guesclin prend une poignée de monnaie dans son escarcelle et la jette
aux paysans.

LES PAYSANS.

Vive sire Bertrand!

OLIVIER, à Du Guesclin.

Comme te voilà fait !
Vous avez donc lutté corps à corps ?

DU GUESCLIN, avec bonhomie.

En effet !

OLIVIER.

Elle t'a blessé ?

DU GUESCLIN.

Non... mais la lutte fut chaude,
Et j'ai moi-même ouvert le ventre à la ribaude,
Qui, par Dieu ! m'a marqué la chair avec ses crocs.
Mais assez là-dessus... Fais apporter des brocs.
— Le bon vin c'est encor la seule médecine ! —
Et buvons en l'honneur de ta belle cousine.

CLOTILDE.

Et moi-même, je veux remplir votre hanap,
Sire Bertrand.

DU GUESCLIN.

Pour moi qui suis, de pied en cap,
Le plus disgracieux gentilhomme de France,
Grand merci de l'honneur et de la préférence !
Car de ces faveurs-là je suis peu coutumier.
Je sais que je suis laid, et que sous mon cimier
S'étale une vilaine et malplaisante face.
Je n'ai pas l'air galant. Que veut-on que j'y fasse ?
Tiphaine Raguenel trouve beau son mari !
Et si, de son balcon, quelque femme a souri

3.

De ce chevalier gauche et de rude figure,
Par saint Kado ! Bertrand Du Guesclin n'en a cure,
Et se dit que son front, meurtri par le labeur
De la guerre, aux Anglais quelquefois a fait peur !

CLOTILDE.

Oui, vous êtes la fleur de la chevalerie !
Et si vous étiez pris par l'Anglais, je parie
Que toutes, de Quimper jusques à Pontorson,
Les femmes, pour gagner l'or de votre rançon,
Faisant prier pour vous l'enfant qui s'agenouille
Et sans plus rire alors, fileraient leur quenouille !

ALAIN, à part.

Auprès de ce héros être ce que je suis !
Et devant elle !

Des pages ont apporté à boire. Clotilde a empli une coupe et l'offre à
Du Guesclin.

DU GUESCLIN, levant le hanap.

A vous d'abord, madame, et puis

Aux paysans.

A vous tous, mes amis !...

Il boit. — A Olivier.

Ton vin est bon.

SCÈNE VII.

LES MÊMES, THIBAUD, précédant un groupe de jeunes filles
dont la première porte un gros bouquet.

THIBAUD, à Du Guesclin.

Messire,
On sait dans le pays que vous venez d'occire
La louve qui faisait tant de mal.

DU GUESCLIN.

Ce n'est rien ;
J'ai tué mieux ! Après ?

THIBAUD.

C'est que l'on voudrait bien
Vous remercier.

DU GUESCLIN.

Bah !

THIBAUD.

Tout le monde est en joie,
Et pour vous le marquer, messire, on vous envoie
Un bouquet.

DU. GUESCLIN, surpris.

Un bouquet ? à moi ? ces braves gens !

LA JEUNE FILLE, s'approchant de Du Guesclin.

Monseigneur, acceptez ces humbles fleurs des champs...

C'est l'hommage naïf du pauvre qui vous aime ;
Et leur faible parfum est comme notre emblème,
A nous, simples d'esprit, qui savons bien aimer,
Mais qui ne pouvons pas si bien nous exprimer.

DU GUESCLIN.

Ah ! je suis tout ému ! mais c'est qu'elle est gentille
Avec ses fleurs !.. Allons, embrasse-moi, ma fille !

Il embrasse la jeune fille.

LES PAYSANS.

Vive Du Guesclin !

OLIVIER, serrant la main de Du Guesclin.

Ah ! mon brave compagnon,
Comme j'aime les voir glorifier ton nom !
On te connaît ici, l'on t'aime et nul n'ignore
Que si leur seigneur peut les protéger encore,
C'est à toi qu'on le doit. Au siége de Dinan
Tu m'as sauvé la vie.

DU GUESCLIN, avec brusquerie.

A son tour, maintenant !
Il va recommencer son éternelle histoire !
Laissons cela... Je veux, pour fêter ma victoire,
Parmi tes paysans faire encore un heureux.

A la jeune fille.

Petite, tu dois bien avoir un amoureux ?

LA JEUNE FILLE.

Dame ! j'aurai seize ans viennent Pâques-Fleuries !

DU GUESCLIN.

Par le diable ! il est grand temps que tu te maries.
Je veux faire ta dot.

THIBAUD, S'approchant et saluant.

Merci bien, Monseigneur.

DU GUESCLIN, à Thibaud.

Comment ! c'est toi, coquin ! On te fait trop d'honneur.
Enfin, ayez beaucoup d'enfants !... Ah ! mais j'y songe...

A la jeune fille.

Te doter ?... c'est en vain qu'en ma bourse je plonge,
Je n'ai plus un écu !

OLIVIER, à Du Guesclin.

Je suis là.

DU GUESCLIN, ôtant son collier d'or.

Non, merci.

A la jeune fille.

Tiens, ma mignonne, prends le collier que voici.
Il vaut cent écus d'or et me vient, qu'on le sache,
D'un gros Gallois que j'ai tué d'un coup de hache,
Dans un champ clos, étant à Londres prisonnier.

Il lui passe son collier au cou.

OLIVIER, à Thibaud.

Allons, et je te prends, Thibaud, pour fauconnier.

CLOTILDE.

Quant à moi, je m'engage à parer l'épousée.

LES PAYSANS.

Vive Mauny ! Largesse !

THIBAUD, à la jeune fille.

Ah ! petite rusée,

Il t'a pris tout de même un baiser...

LA JEUNE FILLE.

Fi ! vilain !

Est-ce qu'on est jaloux de Bertrand Du Guesclin ?

Les vassaux remontent au fond.

DU GUESCLIN, à Olivier, en lui montrant les paysans.

Tiens, mon bon Olivier, regarde-les, ces hommes
De peine et de labour ! Dans ce temps où nous sommes,
Ils sont trop malheureux et trop déshérités
Vraiment ! Ils sont battus, pillés de tous côtés.
Pauvre Jacques, sa vie est comme un mauvais rêve :
Il souffre de la guerre, il souffre de la trêve ;
La paix même, la paix est un vain mot pour lui !
Le routier, hier soldat et voleur aujourd'hui,
Prend le pain de son champ et le vin de sa vigne,
Et le paye à grands coups de gaule. C'est indigne !
Nous ne sommes pas, nous, parmi ces malfaisants,
Nous battons les Anglais et non les paysans ;
Mais cette vérité par nous deux seuls est crue,
Que noble épée est sœur de rustique charrue,
Et que le fer devant qui l'Anglais a tremblé
Doit protéger celui qui fait pousser le blé !

OLIVIER.

Mon noble ami !

ALAIN, à part.

Si grand et si bon, oh ! la gloire !

DU GUESCLIN, se mêlant aux paysans.

Çà, mes enfants, causons ensemble. J'aime à croire
Que vous êtes contents, n'est-ce pas ?

A un paysan très-vieux qui s'approche en tenant un petit enfant par la main

Que veux-tu,
Compère ?

LE VIEILLARD.

J'ai bientôt cent ans ; j'ai combattu
Sous Louis le Hutin et je vais sans béquille,
Et j'amène le fils de ma petite-fille,
Qui sera, comme moi, soldat sous son seigneur,
Afin qu'en l'embrassant vous lui portiez bonheur !

DU GUESCLIN.

Très-volontiers.

Il prend l'enfant dans ses bras.

Il est charmant, le petit drôle !

Jouant avec l'enfant.

Voyons, tu n'as pas peur ? reste sur mon épaule.
Ah ! quand j'avais ton âge, à la Mothe-Broon,
J'étais un gars méchant et laid comme un démon ;
Je me battais toujours avec mes camarades,
Et je donnais déjà de solides bourrades !

A Thibaud.

Eh ! Thibaud, par ici ! Sais-tu que tu m'as l'air
Solidement pourvu de muscles et de chair !...

THIBAUD, *modestement.*

D'un coup de poing j'assomme un bœuf!

DU GUESCLIN, *riant.*

C'est estimable.

Et comme tu parais un garçon fort aimable,
Un de ces beaux matins nous lutterons tous deux,
Corps à corps.

THIBAUD.

Monseigneur, c'est assez hasardeux,
Mais volontiers.

On entend une fanfare.

OLIVIER.

Quelle est la fanfare qui sonne?

UN PAGE, *entrant.*

C'est le héraut de France.

OLIVIER.

Ah! je veux en personne

Le recevoir.

Entre le héraut accompagné de deux trompettes.

SCÈNE VIII.

LES MÊMES, LE HÉRAUT

OLIVIER.

Salut, héraut.

LE HÉRAUT.

Salut à tous!

Je suis porteur d'un bref royal. Lequel de vous
Est le seigneur Bertrand Du Guesclin?

DU GUESCLIN, mêlé aux paysans et portant toujours le petit enfant.

Moi.

Geste d'étonnement du héraut. Sur un signe d'Olivier, il présente le bref du
roi à Du Guesclin.

LE HÉRAUT.

Messire,

Lisez. Il est pour vous.

DU GUESCLIN.

Ah! je ne sais pas lire.

LE HÉRAUT, lisant.

« Ce jourd'hui, deux avril, l'an de Notre-Seigneur
« Jésus-Christ treize cent soixante-quatre, honneur
« Et salut à celui qui lira ce message !
« Comme d'un guerroyeur très-vaillant et très-sage,
« Ayant ouï parler de Bertrand Du Guesclin,
« Moi, Charles, roi de France, et me sentant enclin
« A le gratifier de ma faveur royale,
« Le requiers, invoquant sa féauté loyale
« D'homme prudent et sûr et connu comme tel,
« De me venir trouver au Louvre, en mon hôtel !
« Signé : Charles. »

Aux trompettes.

Sonnez encore une fanfare.

Fanfare.

DU GUESCLIN, au héraut.

C'est bien. J'obéirai.

A part.

Qu'est-ce donc que prépare
Ce moine sans le froc qu'on appelle le roi,
Pour vouloir s'attacher un soldat comme moi ?

OLIVIER, à un page.

Page, qu'on prenne soin du héraut.

LE HÉRAUT.

Merci, comte ;
Je repars.

DU GUESCLIN, à Olivier.

Fais seller mon cheval, car je compte
Voyager avec lui.

Au héraut.

Nous partons de ce pas.

A Olivier.

Frère, adieu !

Il embrasse Olivier, salue la dame de Mareuil et sort au fond suivi de
tout le monde. Clotilde sort à droite.

ALAIN, à part, avec rage.

C'est la guerre ! Et je n'en serais pas !

Il arrête Olivier, qui allait sortir le dernier.

SCÈNE IX.

OLIVIER, ALAIN.

OLIVIER.

Que me veux-tu ?

ALAIN.

Deux mots ! Frère, il faut que tu saches
Que je suis las de vivre ainsi, comme les lâches,
Quand tous les chevaliers chaussent leurs éperons
Et quand parmi l'appel éclatant des clairons,
La France pour la lutte héroïque se lève ;
Que je suis gentilhomme et que j'ai fait ce rêve,
Sous le drapeau royal, trop longtemps insulté,
De me battre en soldat, mon frère, à ton côté.

OLIVIER.

Ah ! c'est bien notre sang qui fermente en ses veines !
Mais quitte, mon Alain, ces espérances vaines.
Je te l'ai toujours dit : cela ne se peut pas.

ALAIN.

Ma faiblesse ? Je sais ce que tu répondras,
Car voilà l'éternel refrain dont on me berce.
Eh bien non, tous les jours, aux armes je m'exerce,
Et jeune fauve en cage, aux appétits grondants,
J'aiguise à mes barreaux mes griffes et mes dents.
Fais-moi libre, Olivier, que je te remercie !

OLIVIER, à part.

Qu'il ignore toujours la sombre prophétie :
L'un de nous doit mourir, il faut que ce soit moi.

Haut.

Mon Alain, je ne puis !

ALAIN.

Mais pourquoi donc ? pourquoi ?

OLIVIER.

Tu le sais. Obéis aux vœux de notre mère,
Car ton aîné ne fait que les suivre.

ALAIN, avec révolte.

Chimère !
Quand les hommes de cœur s'arment de toutes parts,
Si ma mère vivait, elle me dirait : Pars !

OLIVIER, à part.

Il dit vrai. Noble enfant !

Haut.

Mais non, c'est impossible,
Mon pauvre Alain !

ALAIN.

Ainsi tu restes insensible !
Tu ne conçois donc pas le dégoût qui me prend
De me voir si petit avec un nom si grand,
Comme si notre race en moi fût énervée ?
Car depuis Job le Loup, leude de Mérovée,
Qui, sous le rude chef des Franks aux cheveux longs,

Combattit Attila près des murs de Châlons,
Ancêtre glorieux d'une maison prospère,
Jusqu'au noble Enguerrand de Mauny, notre père,
Mort de rage, le soir néfaste de Poitiers,
Tous furent des soldats, et ces barons altiers
Ont bâti dans l'histoire une œuvre colossale !
Tiens, quand j'erre la nuit dans cette vaste salle
Où leurs habits de fer sont rangés tout debout,
Ah ! vois-tu, j'ai la fièvre alors et mon sang bout ;
Car, frémissant devant ces armures géantes,
Je crois voir dans le trou des visières béantes
S'allumer des regards et tomber de leurs yeux
La malédiction terrible des aïeux !

OLIVIER, à part.

Oh ! je l'embrasserais !... Mais mon serment l'exige.
  Haut.
Alain, tu ne dois pas être soldat, te dis-je.

ALAIN, avec colère.

Une raison, pour Dieu !

OLIVIER.

    Tu ne peux la savoir ;
Mais je suis ton aîné, je remplis mon devoir.

ALAIN, violemment.

Tu sais que nous aimons tous deux la même femme,
Et tu veux m'avilir à ses yeux.

OLIVIER, avec un cri douloureux.
     C'est infâme !...

M'accuser !

A part.

Ah ! malheur sur nous ! il l'aime aussi.

ALAIN.

Qu'en dis-tu? N'ai-je pas vu clair dans tout ceci?
Oui, n'as-tu pas toujours affecté devant elle
De me traiter ainsi qu'un enfant en tutelle,
Capable seulement d'être un joueur de luth?
Tu savais que le seul mérite qui lui plût
Par-dessus tout, c'était une âme téméraire...
Grâce à toi, j'avais l'air d'être un lâche, mon frère,
Et surtout près de vous, mon glorieux aîné !
Répondez maintenant. Ai-je bien deviné?

OLIVIER, avec égarement.

Alain, tu me fais mal. Cruel enfant, arrête !
Ce dessein monstrueux que ta douleur me prête...

ALAIN, violemment.

Allons, je ne suis plus l'enfant que tu trompas.
Jure-moi seulement que tu ne l'aimes pas.

OLIVIER.

Eussions-nous le malheur de l'aimer l'un et l'autre,
Pauvre Alain, quel espoir pourrait être le nôtre,
Puisqu'un désir, au fond de notre cœur caché,
Y mettrait la souillure horrible du péché?
Aux enfants de Mauny les guerres sont funestes,
Et déjà trois de nous sont morts; toi seul me restes.

Vis pour que notre nom subsiste; assez de deuil !
Ne me fais pas pleurer sur un nouveau cercueil.

ALAIN, ironiquement.

C'est trop t'inquiéter, en ta peur fraternelle,
Pour mon corps périssable et mon âme éternelle !
Je veux me battre !

OLIVIER, nettement.

        Eh bien ! moi, je te le défends !

ALAIN.

Je suis las d'obéir ainsi que les enfants.
J'ai soif de liberté, je pars, et dès cette heure,
Comte, je vais quitter à jamais ta demeure,
Pour respirer ailleurs un air moins énervant !
Du Guesclin voudra bien d'un Mauny pour servant.

OLIVIER, voulant l'arrêter.

Au nom de notre mère...

> Alain le repousse et va pour s'éloigner. Arrivé au fond du théâtre, il s'arrête et jette un long regard autour de lui.

ALAIN.

        Adieu, donjon, tourelles,
Créneaux où sont les nids des blanches tourterelles,
Où le lierre grimpant s'émaille de fleurs d'or,
Grands bois où, vers le soir, passe le son du cor,
Vaste plaine où le vent courbe les moissons mûres,
Longs reflets des vitraux sur les vieilles armures,

Quand le soleil descend à l'horizon de feu,
Toit paternel, pays de mon enfance, adieu !
Je vous garde en mon cœur, mais je brise vos charmes !
A moi la gloire ! à moi le tumulte des armes !
Recevez aujourd'hui l'adieu de l'orphelin.

A son frère.

Sire comte, salut !

OLIVIER, au désespoir et éclatant en sanglots.

Que Dieu te garde, Alain !

Alain sort.

ACTE DEUXIÈME

LE ROI CHARLES LE SAGE.

La librairie du roi, au Louvre. — Vastes armoires de chêne pleines de manuscrits reliés et roulés. — Instruments de chimie et d'astrologie. — Une table, chargée de livres et de parchemins, et une grande chaire, surmontée des armes de France, au coin d'un grand feu allumé. Au fond, grande fenêtre avec balcon.

SCÈNE PREMIÈRE.

LE CONNÉTABLE DE FIENNES, vieillard caduc, et portant une grande épée, insigne de son grade. LE COMTE D'AUXERRE, jeune homme magnifiquement vêtu, et BAUDOIN DE HANNEQUIN, grand maitre des arbalétriers, jouent aux échecs. Les deux maréchaux D'ANDREHAM et DE BOUCICAUT causent ensemble. GROUPES DE SEIGNEURS. Quelques-uns des seigneurs portent le collier de l'ordre de l'Étoile.

LE MARÉCHAL D'ANDREHAM, au maréchal de Boucicaut.

Oui, Boucicaut, je songe à rentrer dans ma terre.
Je trouve humiliant pour l'orgueil militaire
De nous tous le nouvel usage de la cour.

4

Je ne puis voir le roi me traiter, en plein jour,
Moi, comte d'Andreham et maréchal de France,
Avec estime moindre et moindre déférence
Que le premier porteur de robe ou d'encrier.

LE MARÉCHAL DE BOUCICAUT.

Comme toi, maréchal, cela me fait crier.
Hier, n'avons-nous pas vu ce Nicolas Oresme,
Un cuistre à cheveux plats, maigre comme carême,
Lorsque chacun de nous se tenait humble et coi,
Pendant une heure au moins accaparer le roi?
De quoi lui pouvait-il parler, je vous demande?

LE COMTE D'AUXERRE, de sa place.

Il traduit Aristote.

Éclat de rire général.

LE MARÉCHAL DE BOUCICAUT.

Ah! la besogne est grande!

LE MARÉCHAL D'ANDREHAM.

N'est-ce donc pas assez de tous ces parchemins?

Le maréchal désigne du geste les manuscrits qui remplissent les armoires.

LE MARÉCHAL DE BOUCICAUT.

Le Louvre est encombré d'auteurs grecs et romains,
Qui sentent le fagot et la sorcellerie.

BAUDOIN DE HANNEQUIN, de sa place.

C'est juste!

LE MARÉCHAL D'ANDREHAM.

Et tous ces clercs que le roi salarie,
Combien nous coûtent-ils? Par an, deux cents francs d'or.
Rien que pour Aristote !

BAUDOIN DE HANNEQUIN, avec stupeur.

Est-ce vrai?

LE MARÉCHAL D'ANDREHAM.

Mieux encor.
Le chanoine Dendin, de la Sainte-Chapelle,
Pour traduire.... comment est-ce donc qu'on l'appelle?
Pé... Pétrarque. C'est ça. Jean Dendin, deux cents francs,
Toujours en or !

LE MARÉCHAL DE BOUCICAUT.

Et puis des frais encor plus grands
Pour les copistes, pour les relieurs, les mages,
Les astrologiens et les tailleurs d'images !
Et j'en passe.

BAUDOIN DE HANNEQUIN.

Après tout, notre sire est savant
Comme un moine vieilli dans la paix du couvent,
Et ne peut sans raison faire autant de dépense.
Laissons-lui ses lettrés. Mais comme moi, je pense,
Vous blâmerez sans doute, au temps où nous vivons,
Les gages et cadeaux qu'il donne à ses bouffons.
Ce Ricquet...

LE COMTE D'AUXERRE.

Hannequin, il ne faut trop rien dire
De celui-là. Ricquet est plaisant, il fait rire ;
Et le rire, étant rare aujourd'hui, vaut plus cher.

LE CONNÉTABLE DE FIENNES, se levant furieux

Ricquet a droit, par an, à six habits de vair,
A quatre chaperons de feutre gris, à trente
Paires de souliers, plus il perçoit une rente
D'un écu par lion né dans l'hôtel Saint-Paul ;
De plus — et c'est un gain énorme pour ce fol ! —
Comme le roi le fit jadis venir de Troye
En Champagne, un édit à ce bouffon octroie
Deux liards par cochon vendu sur le marché.
Son revenu lui vaut autant qu'un évêché
Et suffirait, mort-diable ! à solder cent gens d'armes.

LE MARÉCHAL D'ANDREHAM.

Trop de moines aussi, de célestins, de carmes,
Que sais-je ! et pas assez de soldats pour finir !

SCENE II.

LES MÊMES, THOMAS DE PISAN, astrologue et méde-
cin du roi, suivi d'un page portant une aiguière et un gobelet sur un
plateau, et LE BATARD DE MAREUIL sous le froc d'un
moine bénédictin de l'abbaye de Cluny. Thomas de Pisan tient à la main
un manuscrit.

THOMAS DE PISAN.

Un peu plus bas, messieurs, le roi pourrait venir.

LE CONNÉTABLE, aux seigneurs, à voix basse, et désignant
Thomas de Pisan et le Bâtard.

Un astrologue, un moine... Engeance détestable!
Que disions-nous?

THOMAS DE PISAN.

Salut, monsieur le connétable!

LE CONNÉTABLE d'un ton rogue.

Salut, maître Thomas de Pisan!

Il lui tourne le dos avec insolence et s'éloigne.]

THOMAS DE PISAN montrant son manuscrit, et avec une joie profonde.

Donc je l'ai,
Ce livre dans lequel tout est amoncelé,
Et qu'il fallait pourtant qu'à la fin je connusse;
Car c'est là le trésor des trésors, dom Paphnuce!
Remerciez donc bien de m'en avoir muni
Mon docte ami, monsieur le prieur de Cluny.

LE BATARD, s'inclinant.

Je n'y manquerai pas.

THOMAS DE PISAN, montrant toujours son manuscrit.

Une œuvre forte et saine !
Oui, la traduction des Canons d'Avicenne
Suivis de son traité du Kitab-el-Chéfâ,
Qui de toute science hermétique est l'alpha !
Il ne me manque plus que le Saint-Paradoxe,
Ecrit en cent dix-sept chapitres, par Eudoxe,
Abbé mitré de Suze et lecteur du Carmel.

Se tournant vers le page qui se tenait près de lui, l'aiguière à la main.

Mais, page... j'oubliais, mets là cet hydromel.

Le page dépose le plateau sur la table.

LE BATARD.

Le roi serait souffrant, maître ?

THOMAS DE PISAN.

Non ; notre sire,
Se sentant chaque soir hypocondre, désire
Prendre, pour bien dormir la nuit, ce cordial
Que je compose, avec un soin tout spécial,
De vin blanc que d'un miel parfumé j'édulcore.
Mais comme on a jadis — et j'en frémis encore, —
Attenté par toxique aux jours sacrés du roi...

LE BATARD, d'un ton douteux.

Je le sais.

THOMAS DE PISAN.

... Ce hanap est apporté par moi,
Dans la chambre où le roi donne son audience,
Et je préviens ainsi tout complot.

LE BATARD, après s'être incliné, à part.

Patience !
Me voici dans la place, et ma vengeance attend.
Qu'auprès de ce hanap je sois seul un instant,
Et je suis curieux de voir, maître astrologue,
Si le ciel te dira les effets de ta drogue !

On entend au dehors une musique bizarre de trompes et de tambourins ;
les seigneurs se précipitent sur le balcon.

Ah ! ma jongleuse ! Enfin ! l'adroite Déborah
Sur ce balcon, avec ses tours, les retiendra...
Si celui-ci

Il montre Thomas de Pisan.

Pouvait les rejoindre !...

LE COMTE D'AUXERRE du balcon où il se trouve avec les seigneurs,
à Thomas de Pisan.

O miracle !
Maître, venez donc voir cet étrange spectacle :
Une bohême est là qui charme des serpents.

THOMAS DE PISAN, au Bâtard

Venez-vous, dom Paphnuce ?

LE BATARD, refusant du geste.

Oh ! non, c'est aux dépens
De son salut qu'on voit ces merveilles maudites.

THOMAS DE PISAN.

Moi, je veux voir.
Aux seigneurs.

Peut-on croire ce que vous dites?
Quoi? charmer des serpents!... Comme au temps ancien
Fit Appollonius le Cappadocien!...
C'est quelque sortilége affreux et punissable.
Il se dirige vers la fenêtre.

LE COMTE D'AUXERRE, toujours sur le balcon.

Elle trace à présent des signes sur le sable !

THOMAS DE PISAN.

Oh! j'y vais. C'est pour sûr un sourat du Khoran.
Il rejoint les seigneurs.

LE BATARD, tirant une fiole de sa poitrine et épiant du regard les seigneurs, qui sont sur le balcon à admirer la bohémienne.

La France cette nuit va changer de tyran,
Mais elle aura pour roi celui que je patronne,
Et Charles le Mauvais me devra sa couronne!
La chose s'est passée ainsi qu'il le fallait.
Enfin me voilà seul et, dans ce gobelet,
Je n'ai plus qu'à verser cette liqueur qui tue.
Il verse le contenu de la fiole dans le hanap.

Ah! roi Charles, ma tour de Mareuil abattue !
Ah! mes biens confisqués par toi ! mon vieux blason
Brisé par le bourreau pour haute trahison!
Ma femme, dont tu prends, par un caprice étrange,
Le parti contre moi!... C'était trop! Je me venge!
Et je me venge bien pour avoir attendu!

Tu foulais le serpent, le serpent t'a mordu !
Et maintenant, partons. J'ai bien rempli ma tâche.
Un bon cheval m'attend au portail Saint-Eustache,
Et demain je serai dans Évreux, où je vais
Apporter un royaume à Charles le Mauvais.

Les seigneurs redescendent, entourant Thomas de Pisan qui pérore.

THOMAS DE PISAN, *d'un ton doctoral.*

C'est bien simple, messieurs. De ces quelques syllabes,
Qui sont un talisman vénéré des Arabes,
J'ai clairement compris, moi, qu'à la Chandeleur,
Du sombre accouplement d'une stryge en chaleur
Et d'un bouc, qui n'était que Satanas lui-même,
Sous un gibet, naquit cette fille-bohême.
Ceci bien établi, vous voyez maintenant
Que son pouvoir magique est fort peu surprenant.

TOUS LES SEIGNEURS.

C'est clair.

BAUDOIN DE HANNEQUIN, *bas, aux seigneurs et montrant*
Thomas de Pisan avec admiration.

Cet homme-là sait tout, messieurs.

TOUS.

Sans doute.

LE BÂTARD, *à Thomas de Pisan.*

Je prends congé de vous.

THOMAS DE PISAN.

Mon frère, bonne route.
Baisez pour moi les mains du prieur de Cluny.

Le Bâtard sort.

SCÈNE III.

LES MÊMES, moins LE BATARD,
puis LE ROI CHARLES V et RICQUET, son bouffon.

LE MARÉCHAL DE BOUCICAUT, à Thomas de Pisan.

Ne redoutez-vous point ces sorcières ?

THOMAS DE PISAN.

           Nenni.
Mais pour ces nécromans on a trop d'indulgence.

LE MARÉCHAL DE BOUCICAUT.

Un bon fagot aurait raison de cette engeance,
Et si l'on m'en croyait, tous seraient brûlés vifs.

THOMAS DE PISAN.

Ah ! moi, d'être inquiet j'ai bien d'autres motifs.

    Le roi paraît au fond, appuyé sur Ricquet.

LE MARÉCHAL D'ANDREHAM.

Vraiment ?

THOMAS DE PISAN.

     J'observe, ainsi qu'un mage syriaque,
Les constellations du vaste zodiaque,
Chaque nuit, et j'y trouve un sombre pronostic.
Arcturus semble avoir l'œil vert d'un basilic,

Aldébaran rougit, et dans Cassiopée
Je distingue une main brandissant une épée;
Et parfois même — effets encor plus singuliers ---
Les nuages ont l'air d'un choc de cavaliers.

Voyant le roi qui s'avance au milieu d'eux.

Le roi !

Tous s'inclinent.

LE ROI, à Thomas.

Tu disais donc, bon Thomas, que les astres
Nous promettent encor jours de deuil et désastres ?

THOMAS DE PISAN.

Oui, Monseigneur, le ciel est sinistre ce soir.
J'y vois du sang.

LE ROI.

Je suis bien las, je veux me seoir.

*Il s'assied lentement dans la grande chaire qui est auprès de la table où
on a posé le hanap empoisonné. A Thomas de Pisan.*

Encor du sang, dis-tu? Quelle terrible année !
Mon père, pour tenir la parole donnée,
Se rendant prisonnier et trépassant là-bas ;
Le malheur devant moi se dresse à chaque pas ;
Les Jacques, les Anglais, la famine et la peste,
Tout à la fois !

LE MARÉCHAL D'ANDREHAM.

C'est vrai, Monseigneur, il ne reste
A ce pays vaincu qu'un espoir aujourd'hui :
C'est que Dieu tout-puissant prenne pitié de lui !

LE ROI.

Bien, d'Andreham ! Mettons en Dieu notre espérance.
Il ne peut pas faillir au beau pays de France,
Qu'il a depuis longtemps élu pour champion.

LE MARÉCHAL D'ANDREHAM, au roi.

Que n'écrasez-vous donc d'abord ce scorpion
De Navarre ? Nous tous en aurions l'âme en joie.

LE MARÉCHAL DE BOUCICAUT, au roi.

Ce présage de sang que le ciel vous envoie
Vous dit de le frapper au plus tôt, ce Mauvais.

Aux seigneurs.

N'est-ce pas, messeigneurs ?

Assentiment général.

LE ROI, tristement.

Oui, si je le pouvais !

LE COMTE D'AUXERRE, vivement.

Mais dites un mot, Sire, et toutes nos épées,
Depuis un si long temps, hélas ! inoccupées,
Menaçantes, avec la lueur de l'éclair,
Jailliront à la fois de leurs gaînes de fer !

BAUDOIN DE HANNEQUIN, de même.

La mesure est comblée, et tant de félonie,
Gentil Roi, ne peut pas demeurer impunie.

LE MARÉCHAL DE BOUCICAUT, de même.

A défaut des Anglais, nos maîtres par traité,
Et dont il faut subir encor la volonté,
Vous pouvez châtier ce vassal trop rebelle.

LE COMTE D'AUXERRE, de même.

Sire, nous sommes prêts ; l'occasion est belle.
Déclarez-lui la guerre et sonnez le tocsin !

LE MARÉCHAL D'ANDREHAM, de même.

En un mois nous allons envahir le Vexin,
Entrer dans sa comté d'Évreux, et que je meure
Si vous ne pouvez pas, Messire, dès cette heure,
Faire remettre à neuf, pour ce fils de Gascon,
Le gibet le plus haut qui soit à Montfaucon !

TOUS, pressant et entourant le roi.

Oui, la guerre ! la guerre !

LE ROI, lentement.

                    Ah ! messeigneurs, la guerre
Coûte beaucoup d'argent, et nous n'en avons guère.
On ne tire plus rien des Juifs et des Lombards ;
Les impôts sont déjà bien lourds ; de toutes parts
On vient se plaindre à moi des collecteurs de tailles ;
Tout est grevé d'un tiers en plus, sauf les futailles ;
Le fouage, qu'il eût fallu qu'on dédoublât,
Est à deux francs, messieurs, dans tout le pays plat,
Et monte à quatre francs pour les villes fermées ;

Les contributions sont toutes affermées,
Mais c'est le diable pour les lever et cueillir !
Et tout peut d'un instant à l'autre nous faillir.
Les récoltes de l'an dernier sont détestables,
Pas de blé, pas de vin ! et messieurs les Notables
Des États, l'autre fois, me reprochaient encor
D'avoir surélevé la valeur du marc d'or.
Vous voyez, n'est-ce pas, que la simple sagesse
Nous défend, pour longtemps, la plus faible largesse.
La guerre ! mais comment payer les batailleurs ?...
Il le faut. Attendons, messieurs, des temps meilleurs.

Mouvement de dépit chez les seigneurs. Le connétable se détache de leur
groupe et vient, en s'inclinant, se poser devant le roi.

LE CONNÉTABLE DE FIENNES.

Sire, mes cheveux blancs me donneront peut-être
Le droit de faire entendre un avis à mon maître,
En toute humilité... Vous êtes très-prudent,
Très-avisé, très-sage et très-bon ; cependant,
Monseigneur, puisqu'avec si grande prud'homie,
Vous nous avez prêché l'ordre et l'économie,
Pour ce qui se rapporte aux choses des combats,
Je vous demanderai — ne vous offensez pas —
Si ce ne serait point plus juste et méritoire
De rogner sur les gens de plume et d'écritoire ?

LE ROI, avec sévérité et se levant.

Tu viens de me parler d'une étrange façon,
Connétable. A son roi donner une leçon !...
A tout autre il pourrait en cuire, vieux de Fienne ;

Mais je t'excuse, toi. Pourtant qu'il te souvienne
— Car j'y tiendrai la main tant que je régnerai —
Que le clerc a son prix et doit être honoré
Comme un noble portant le tortil ou le heaume :
Que tant que sapience aura, dans le royaume,
Sa place au premier rang, ce pays grandira,
Et que, s'il l'en déboute un jour, il déchoira.
—J'ai besoin d'être seul, messieurs. Que Dieu vous garde

Les seigneurs sortent, après avoir salué le roi.

LE CONNÉTABLE DE FIENNES, à part, sortant le dernier.

Brave roi Jean! voilà ce qu'est ton fils, regarde !

SCÈNE IV.

LE ROI, RICQUET.

RICQUET, au roi qui s'est assis de nouveau.

Bons seigneurs ! Des héros ! n'est-ce pas, mon cousin ?
Si nous étions encore au temps du Sarrasin,
Ils iraient conquérir Rhodes ou Saint-Jean d'Acre ;
Ils ne rêvent que plaie et bosse et que massacre !
Mon oncle, le feu roi, — que Dieu l'ait en son sein ! —
De son vivant, était comme eux grand assassin.
Il frappait comme un sourd, et d'estoc et de taille,
Navrait cent ennemis... et perdait la bataille !

LE ROI.

Ah ! ne plaisante pas sur mon père, bouffon.

RICQUET, *exécutant un salut burlesque.*

Moi, j'ai pour sa mémoire un respect très-profond.
Il dort à Saint-Denis, la grande basilique,
Ayant sur son tombeau le lion symbolique ;
C'est bien. Mais, comme lui, si tu veux guerroyer,
Ce n'est pas sur ceux-là qu'il faudra t'appuyer :
Braves soldats, d'accord, mais tristes capitaines.

LE ROI, *pensif.*

Ce Ricquet a raison !

RICQUET.

Par les fièvres quartaines !
Mon cousin, tu m'as l'air lugubre et marmiteux.
Serais-tu par hasard phlegmatique ou goutteux,
Que ce soir ton esprit à la gaîté rechigne ?
Bois donc cet hydromel d'influence bénigne.

Il tend le hanap au Roi.

LE ROI, *après avoir pris le gobelet, le repose sur le plateau.*

Non, je boirai plus tard ; ce soir je dois veiller.

A part.

Du Guesclin viendra-t-il ?

RICQUET.

Je veux, pour t'égayer,
Cousin, et pour chasser ton humeur taciturne,
Te dire mon nouveau lai du Paris nocturne,

Sur un geste affirmatif du Roi, Ricquet chante, en s'accompagnant d'une
vielle.

LAI DU PARIS NOCTURNE.

Esprit mobile
Dans un corps fou,
Je cours en ville
Le guilledou,
A minuit, l'heure
Féconde en leurre
Où le chat pleure
Son miaou!

La lune éclaire
Les hauts greniers,
Ainsi que l'aire
Des froids charniers,
Et, dans sa marche,
Blanchit ton arche,
Vieux patriarche,
Pont-aux-Meuniers!

Profond silence!
Un seul pendu
Qui se balance
Tout morfondu!...
Là-bas, qui grouille?
C'est la patrouille
Qui scrute et fouille
Un coin perdu.

Passe un ivrogne
Chantant un lai;
C'est — ô vergogne! —
Un frère lai.
Rue Épicière,
Une sorcière,
Nue et grossière,
Monte un balai!...

Mais c'est l'aurore...
A ton lit, fol !
Un rayon dore
L'Hôtel Saint-Paul,
Et des tourelles
Sveltes et frêles,
Les tourterelles
Prennent leur vol.

Après un silence.

Quoi ! tu ne souris point. Mon lai te déplaît-il ?
Il faut donc que j'épuise, en bouffon très-subtil,
De mes petits talents la longue kyrielle ?
Tu ne veux plus de vers accompagnés de vielle ?
Soit, lisons Cicéron ou d'autres auteurs grecs...
Veux-tu que je te batte au noble jeu d'échecs ?
Parle, je dois remplir les devoirs de ma charge.

LE ROI, songeur, sans répondre

Du Guesclin viendra-t-il ?

RICQUET.

Ma conscience est large,
Pourtant il faut gagner ses gages. Suis-moi bien :
Je fais hauberts pour lièvre et gants fourrés pour chien ;
Je suis bon ventouseur de bœufs et maître mire
Des chats ; et mon talent que le plus on admire,
C'est de faire de l'or, en mêlant les rayons
Du soleil avec les ailes des papillons !
Et, pour désopiler les rates trop farouches,
Cheminant au plafond, je fais la chasse aux mouches.
Choisis, cousin.

LE ROI, *avec impatience.*

Tais-toi.

A part.

Non, il ne viendra pas !
Ce soldat aime mieux servir son duc, là-bas,
Que moi, le triste roi d'une France épuisée.
Que dis-je? mais je suis peut-être sa risée,
Car ma fuite à Poitiers... Ah ! cruel souvenir !

Entre le héraut de France.

SCENE V.

LE ROI, RICQUET, LE HÉRAUT.

LE ROI, *apercevant le héraut.*

Montjoie ! enfin !

Avec inquiétude.

Eh bien, il ne veut pas venir ?

LE HÉRAUT.

Il est là, monseigneur ; il attend.

LE ROI, *avec joie.*

Bien. Qu'il entre !

Le héraut va ouvrir la porte du fond ; Du Guesclin parait.

LE HÉRAUT, *montrant le Roi à Du Guesclin.*

Voici le Roi.

Le héraut sort.

SCÈNE VI.

LE ROI, RICQUET, DU GUESCLIN.

RICQUET, qui est resté en extase devant Du Guesclin
immobile au fond du théâtre.

        Grand Dieu ! quelle tête ! quel ventre !
Mais c'est Polyphémès en personne !

DU GUESCLIN, toisant Ricquet avec mépris.

                  Quel est
Ce roquet mal plaisant qui me jappe au mollet ?
Au large !

LE ROI, à Ricquet.

Laisse-nous.

RICQUET.

    Non, c'est Croque-Mitaine !

Ricquet sort dans une gambade.

SCÈNE VII.

LE ROI, DU GUESCLIN.

LE ROI.

Merci d'être venu sans retard, capitaine,
Car cet empressement me prouve un cœur féal.

DU GUESCLIN, avec réserve.

Je vous le devais, Sire, étant votre vassal,
Puisque Charles de Blois, dont je suis l'homme lige,
Comme duc de Bretagne, à vous servir s'oblige.

LE ROI.

Soit. J'espère pourtant que vous venez me voir,
Un peu plus par estime encor que par devoir.

DU GUESCLIN, de même.

Je sais ce que je dois, Messire, au roi de France,
Et j'ai pour lui la plus entière révérence.

LE ROI, à part.

Le début promet peu.
Haut, et se levant.

Sire Bertrand, les rois,
Qui tiennent de Dieu seul leur couronne et leurs droits,
En ont un, le plus grand dont il les investisse,
Mais le plus lourd aussi, c'est de faire justice.
Si frapper un coupable est souvent douloureux,
En revanche, parfois il est bien doux pour eux
De faire rejaillir l'éclat qui les entoure
Sur les hautes vertus, l'honneur et la bravoure.

DU GUESCLIN, à part.

Humph ! aux bords de la coupe il met beaucoup de miel.

LE ROI, prenant la main de Du Guesclin.

Messire Du Guesclin, je rends grâces au ciel
De serrer cette main qui vaut tout une armée.

5.

DU GUESCLIN, s'inclinant.

Sire...

LE ROI.

Je vous connais déjà... La renommée
M'a dit votre vaillance et vos rudes exploits.
Je sais vos coups de main, vos siéges, vos tournois...
Chef aussi prévoyant que soldat intrépide,
Vous avez l'esprit sûr et le coup d'œil rapide ;
Du moindre de vos gens vous connaissez le nom,
Et de fiers chevaliers suivent votre pennon
Sur les routes d'Anglais meurtris toutes jonchées.
Ah ! vous mèneriez bien de grandes chevauchées,
Bertrand, et ce serait un plaisir non pareil
Que de vous voir conduire, un jour, au grand soleil,
Une procession de quelques mille lances !
Puis enfin, dans nos temps où, sous les violences,
Le populaire souffre et succombe à moitié,
Ce qui vous rend pour moi plus digne d'amitié,
C'est que pour les petits vous êtes pitoyable,
Et qu'à la pauvre gent taillable et corvéable
Vous savez de la guerre alléger le fardeau.
Ainsi que Saint-Martin partageant son manteau,
On vous a vu souvent, vous, noble sans fortune,
Après votre butin donner votre pécune,
Et montrer devant tous que cette main, ô preux !
Si terrible à l'Anglais, est douce aux malheureux.

DU GUESCLIN.

Sire, vous me comblez ; mon mérite est bien mince.

J'étais déjà payé par l'estime du prince
Que je sers, le bon duc de Bretagne; et le roi,
En me traitant ainsi, fait beaucoup trop pour moi.

LE ROI.

Non pas... Vous aimez fort ce cher duc de Bretagne?

DU GUESCLIN.

Sire, depuis vingt ans, sous lui je fais campagne,
Et c'est Charles de Blois qui m'arma chevalier.

LE ROI.

Vos services, de plus, ont dû bien vous lier,
Et je trouve entre vous l'amitié naturelle.
J'aime Charles, et j'ai soutenu sa querelle
Contre Jean de Montfort, à propos du duché,
Différend qui, d'ailleurs, n'est pas encor tranché
Et que nous reprendrons, dans un moment propice.

Brusquement.

Si l'on vous proposait de quitter son service?

DU GUESCLIN.

Moi!

LE ROI.

Sans vous employer pour cela contre lui.

DU GUESCLIN, lentement, après un silence.

Le maître, sous lequel je combats aujourd'hui,
Soutient, le fer en main, sa cause qu'il sait bonne.
C'est un héros! Jamais l'espoir ne l'abandonne;

Montfort peut triompher ; nul revers ne l'abat.
Il est prêt, vienne l'heure, à mourir en soldat.
Il ne fuit pas ; il n'est danger dont il ne rie ;
Il déteste l'Anglais, bourreau de sa patrie,
Et je ne connais pas, pour être son égal,
De plus fier chevalier, fût-il de sang royal.
Si j'en rencontrais un, par grand hasard, peut-être
Consentirais-je alors à le prendre pour maître.

LE ROI, avec colère.

Assez ! je comprends trop ta pensée, et ce ton
D'ironie est mal fait pour toi, rude Breton.
Parle franc. En ton roi tu n'as pas confiance ;
Tu n'as pas oublié l'instant de défaillance
Du Dauphin et sa fuite à Poitiers. Ai-je tort ?

DU GUESCLIN, simplement.

Monseigneur, j'ai bravé souventes fois la mort,
Et je puis, tellement la chair est tyrannique,
Avoir aussi demain mon heure de panique.

LE ROI.

Que peux-tu donc alors me reprocher ?

DU GUESCLIN, avec embarras.

Moi? rien,
Sire.

LE ROI, impérieusement.

Assez de détours ! Je le veux, parle.

DU GUESCLIN.

Eh bien,

Puisque vous exigez qu'avec toute franchise
Et me faisant l'écho d'un peuple, je vous dise
Ce qu'il pense en secret de ce roi de trente ans
Qui devra gouverner ce pays si longtemps,
Je parlerai. — Sachez que tous, dans ce royaume,
Le paysan qui veille, en tremblant sous le chaume,
Sur sa pauvre récolte et ses maigres troupeaux,
Et qu'accablent encor la dîme et les impôts ;
Le bourgeois, casque en tête et portant hallebarde,
Que la rigueur des temps force à monter la garde
Aux portes de sa ville où l'Anglais peut entrer ;
Le marchand voyageur qui craint de rencontrer
Sur les chemins déserts quelque male aventure,
Et qui, la nuit venue, excite sa monture :
Tous, bourgeois et manants, et surtout les vaincus,
Vos nobles, dont la honte a terni les écus,
N'ont qu'un vœu, dont il faut qu'un souverain s'enquerre,
Un vœu d'enthousiasme et de haine : la guerre !

LE ROI, avec une joie mal contenue.

Tu crois ?

DU GUESCLIN.

Depuis huit ans, on n'attend qu'un signal
Pour expulser l'Anglais du sol national
Qu'il dévaste, du droit des anciennes défaites,
Et c'est depuis ce temps, Monseigneur, que vous êtes
Le maître en cette France. Or, avez-vous rien fait

Pour qu'elle pût jeter le cri qui l'étouffait?
Non. Pour entretenir ce levain de rancune,
Quelle fière parole avez-vous dite? Aucune.
Lorsque se soulevait un grand seigneur terrien,
L'assistiez-vous? Jamais. Donc rien, et toujours rien !
Sans perdre tout espoir, on se lasse, et la France
Vous accuse, à la fin, de trop d'indifférence.
Je ne vous juge point, mais, soldat qui les hais,
Je reste où l'on combat encore les Anglais.

LE ROI, qui a écouté Du Guesclin sans manifester aucun sentiment,
reprend avec tristesse et comme se parlant à lui-même.

Donc il refuse; donc Du Guesclin m'abandonne.
Soit, adieu. Ce n'est pas que la chose m'étonne;
Il en est déjà tant qui ne m'ont pas compris.

D'une voix profonde.

Courbe-toi de nouveau sous le vent du mépris,
Roi maudit, et soufflant ta lueur de génie,
Reprends tes jours de deuil et tes nuits d'insomnie.
Mais non; je veux dormir. Du Guesclin seul pouvait
Chasser le rêve affreux qui hante mon chevet :
La France agonisante et me criant : A l'aide !
Je vais donc encor voir ce spectre qui m'obsède
Tordre ses bras sanglants et l'entendre gémir.
Non, viens, philtre sauveur... Dormir ! je veux dormir.

Il vide d'un trait le hanap empoisonné.

DU GUESCLIN, à part.

Quelle immense pitié s'émeut donc dans mon âme?
Ah ! pauvre jeune prince !

LE ROI, avec terreur.

Ai-je bu de la flamme?
J'ai senti ces douleurs une première fois...
Ah! je reconnais là ton œuvre, ô Navarrois,
Et ton poison, danger qui sur moi toujours plane!

DU GUESCLIN, épouvanté.

Sire, que dites-vous?

LE ROI.

Bertrand, cette tisane
Contenait du poison, te dis-je!

. DU GUESCLIN.

Dieu Très-Haut!
Un tel crime...

LE ROI.

En voici la preuve, vois plutôt.
Il jette au feu le fond du hanap ; une flamme verte jaillit.

DU GUESCLIN, voulant s'élancer au dehors.

Au secours! au secours! Je vais...

LE ROI, l'arrêtant.

C'est inutile.
Je connais dès longtemps le venin du reptile,
Mais, contre tout boucon ou toxique, j'ai là
Tirant une fiole de son sein.
L'antidote fameux de Pèdre d'Avila.

DU GUESCLIN.

Buvez donc sur-le-champ ! Buvez !

LE ROI, impassible.

Non. Tout à l'heure.

DU GUESCLIN.

Oh ! par grâce...

LE ROI, amèrement.

Eh ! qu'importe après tout que je meure ?
Car, tu l'as dit, Bertrand, je suis un mauvais roi...
Et si c'est Dieu qui veut vous délivrer de moi !

DU GUESCLIN, suppliant.

Mon maître, au nom de tous les bons Français ensemble,
Oh ! vivez !

LE ROI, lui saisissant la main.

Vois d'abord, soldat, si ma main tremble.

DU GUESCLIN.

Oh ! pardon à genoux, mon seigneur vénéré.

LE ROI, lui montrant le flacon.

Tu vois, je tiens ma vie... Eh bien, je ne vivrai
Qu'après t'avoir prouvé que j'en suis vraiment digne.
Sois sans crainte d'ailleurs. Cette liqueur maligne
Est lente à vous donner la mortelle torpeur.
J'ai la mort dans le sang et je n'en ai pas peur.

DU GUESCLIN.

Sire, c'est héroïque, et j'admire.

LE ROI, *lentement d'abord, puis s'animant peu à peu.*

                              Ah ! l'on trouve
Que je n'excite pas la colère qui couve,
Et mes braves sujets, contre moi maugréant,
Me traitent de couard et de roi fainéant.
Eh bien ! toi qui te rends ici leur interprète,
Sache ce que j'ai fait et tout ce que j'apprête,
Et quand tu connaîtras mes actes et mes vœux,
Tu pourras me traiter de lâche, si tu veux.
Après Poitiers — j'avais dix-huit ans, — on me donne
La régence de France et presque la couronne.
Tu sais à quel moment? Les trois quarts du pays
Par l'Anglais enivré de victoire envahis,
Et la paix à signer, — je pleure, quand j'y pense,
A cette paix ! — et pour cette énorme dépense,
Les états généraux refusant le crédit.
Puis c'est le Navarrois et ce Marcel maudit
Excitant contre moi l'émeute et sa colère,
Mon palais envahi par le flot populaire,
Mon front royal coiffé d'un bonnet odieux,
Et mes deux maréchaux égorgés sous mes yeux !
Enfin la Jacquerie et les châteaux en cendre,
Paris qui me repousse et que je dois reprendre,
Les Anglais à l'affût de toute trahison,
Attendant le moment d'agir, et le poison,
Qui quelque jour peut bien me tuer par surprise...
Je n'ai pas trente ans...

        Il ôte son bonnet.

                        Vois, ma tête est toute grise.

DU GUESCLIN.

L'heure passe, buvez, Monseigneur.

LE ROI, froidement.

J'ai le temps !

Voici ce que j'ai fait, moi, pendant ces huit ans :
Les Jacques sont vaincus, l'émeute est terrassée ;
Et je puis maintenant reprendre la pensée
Que je gardais, ardente, aux jours les plus mauvais !
Ah ! vous m'avez cru tous endormi ? Je rêvais,
Et mon rêve était plus sublime que le vôtre !
Oui, ce noble pays, où l'étranger se vautre,
Où tout est maintenant misère et désarroi,
Ce grand pays que j'aime et dont Dieu m'a fait roi,
— Entends-tu bien, toi qui de m'aider as vergogne ? —
Je voulais, de Dunkerque à la mer de Gascogne,
Que de la fange anglaise il fût débarrassé,
Comme la plage après que le flot a passé !

DU GUESCLIN.

Par saint Kado ! Voilà des paroles royales !

LE ROI.

Tu ne soupçonnais point mes ardeurs martiales ?
C'est vrai, je les gardais en moi-même, songeant
Qu'il me fallait un chef habile et de l'argent,
Pour conduire au succès cette vaste entreprise.
Écoute, lentement j'amasse et thésaurise.
A présent j'ai de l'or, — pas beaucoup, mais assez ! —
Quant au chef, ce devrait être moi, mais je sais

Que je ne pourrais pas... Vois ma mine flétrie.
Regarde. Suis-je né pour la chevalerie?
Une armure m'étouffe, et ce bras faible et gourd
Trouve, hélas! qu'une épée est un fardeau trop lourd.
Aussi, j'ai dû chercher un autre capitaine
Qui rendît pour les lis la victoire certaine.
Je savais ta vaillance et ta haute vertu,
Et je t'ai fait venir pour te dire : Veux-tu?

DU GUESCLIN, tombant à genoux.

Sire, vous êtes grand, j'accepte et je vous aime!

LE ROI, vidant la fiole.

Je vivrai donc. Viens dans mes bras.

Le roi et Du Guesclin s'embrassent.

                              Dès ce jour même,
Nous allons commencer notre œuvre. Tu verras.
Je serai la pensée et tu seras le bras.
Et je sens naître en moi cette mâle assurance
Qu'à nous deux nous allons ressusciter la France !

Il va au fond, et appelle les seigneurs qui sont restés dans l'antichambre.

Entrez tous.

SCÈNE VIII.

LES MÊMES, TOUS LES SEIGNEURS, RICQUET.

LE ROI, aux seigneurs.

Je m'en vais vous causer grand plaisir.
Vous vous plaigniez tantôt d'avoir trop de loisir,

Eh bien, soyez contents. Dès ce jour je déclare
La guerre à mon cousin Charles, roi de Navarre,
Et vous donne pour chef Du Guesclin que voici !

LES SEIGNEURS, tirant leurs épées et entourant Du Guesclin.

Montjoie et Saint Denis !

DU GUESCLIN.

Messeigneurs, grand merci !

Au roi.

Sire, par cette épée et devant Dieu, je jure
Qu'après avoir vengé votre récente injure,
Nous chasserons l'Anglais !

LE ROI.

Bien, j'accepte ta foi.

DU GUESCLIN, aux seigneurs.

Ou bien nous serons morts, messieurs.

TOUS LES SEIGNEURS, brandissant leurs épées.

Vive le roi !

ACTE TROISIÈME

LES ANGLAIS EN FRANCE.

Le camp des Anglais, devant Hartecelle. — Au fond, vaguement aperçu, le château assiégé, derrière lequel le soleil se couche. — Sur une élévation, à gauche, deux grosses tours de guerre en charpente, montées sur roues. — Au pied de l'élévation, deux barils de poudre, un canon primitif en bois cerclé de fer. — Faisceaux d'armes, drapeaux, feux de bivouac, etc...

SCÈNE PREMIÈRE.

UN CAPITAINE, BARDOLPH, sergent, JACKSON, archer, PATRICK, goujat irlandais, UNE SENTINELLE, SOLDATS.

Au lever du rideau, la scène présente l'animation d'un camp. Des soldats, autour du feu, font la soupe. D'autres jouent aux dés sur un tambour. Une sentinelle, avec son arbalète, veille auprès des tours de guerre. C'est le soir, à l'heure qui précède le crépuscule.

PATRICK, à l'archer Jackson, tout en tournant une cuiller
dans la marmite.

Par le grand saint Patrick! pour notre brave troupe,
Ami Jackson, je fais une bien maigre soupe,

Aujourd'hui... Seulement, un chou, quatre navets,
Et deux rats d'eau... Vraiment, ce sera bien mauvais.
Et pourtant la cuisine est un art où j'excelle.

L'ARCHER JACKSON.

Ah ! Patrick, maudit soit le siége d'Hartecelle !
C'est tout ce que j'ai pu trouver dans le pays.

LE CAPITAINE, s'approchant.

Allons, ne grognons pas.

L'ARCHER JACKSON.

Capitaine...

LE CAPITAINE.

Obéis.
Quand le chef a parlé, le soldat doit se taire.
Lord Chandos, — Dieu le garde à la vieille Angleterre ! —
Veut prendre ce château. C'est dur, mais tôt ou tard
Nous le prendrons.

LE SERGENT BARDOLPH.

D'accord, mais c'est pour le Bâtard
De Mareuil que travaille ici l'armée anglaise ;
C'est pour que ce Français puisse, tout à son aise,
Se venger de sa femme et vivre dans son bien...
Capitaine, tandis que nous, nous n'aurons rien,
Puisqu'on a défendu d'avance le pillage.

L'ARCHER JACKSON.

On ne bataille plus suivant l'ancien usage...
Empêcher tout larcin sous peine du licol !

LE SERGENT BARDOLPH.

Dépouiller le vaincu, cela n'est pas un vol,
Et d'ailleurs, le pillage est le seul patrimoine
Du soldat. S'il en est ainsi, je me fais moine.

PATRICK.

Leur métier est meilleur, car les moines sont gras.
 Montrant sa marmite, d'un air piteux.
Ici, quatre navets, un chou rouge et deux rats...
Décidément ce siége est rude.

LE SERGENT BARDOLPH.

    Capitaine,
On est sur Du Guesclin sans nouvelle certaine !
Quand il eut réuni tout son monde à Guingamp,
On sait qu'un beau matin il a quitté le camp.
Mais qu'est-il devenu ?

LE CAPITAINE.

    Ceci me semble louche,
Et je suis inquiet quand Du Guesclin découche.
Ah ! la fortune tourne et tout a bien changé,
Pour les Français, depuis qu'ils ont cet enragé !...
Nous perdons du terrain dans la nouvelle guerre...

Du Guesclin disparu ne me rassure guère,
Car c'est pour nous donner encore de l'ennui.

L'ARCHER JACKSON.

Qu'un trait d'arc seulement me sépare de lui,
Et je garde pour lui ma flèche la plus sûre !...

LE CAPITAINE, indigné.

Plaise à Dieu que jamais une telle blessure,
Venant de loin, n'atteigne un si preux chevalier !...
Il est fait pour mourir en combat singulier,
Par l'épée ou la hache, et d'une main illustre,
Et non comme un manant, sous la flèche d'un rustre,
Car c'est un ennemi glorieux !

PATRICK, tournant la soupe.

Approuvé !

LES AUTRES, riant.

Ah ! Patrick !

PATRICK, sa cuiller à pot à la main.

Je suis noble, étant enfant trouvé.

LA SENTINELLE.

Le général !

LE CAPITAINE.

Voici Chandos et son escorte,
Tous à vos rangs !

SCÈNE II.

LES MÊMES, LORD JOHN CHANDOS, gouverneur de Guyenne, LE BATARD DE MAREUIL, SEIGNEURS et HOMMES D'ARMES.

A l'entrée de Chandos, les soldats se rangent en silence sur les deux côtés de la scène. Chandos entre en parlant au Bâtard de Mareuil ; il est suivi d'une brillante escorte de gentilshommes ; un page porte son casque sur un coussin.

LORD JOHN CHANDOS, au Bâtard.

C'est trop d'insistance. Il importe,
Messire de Mareuil, que ce siége damné,
Si dur pour mes Anglais, soit bientôt terminé.
J'ai déjà fait beaucoup. Si le prince de Galles,
Qui s'intéresse à vos querelles conjugales,
Voulut, récompensant vos services anciens,
A vos quelques soldats joindre nombre de siens,
Je ne dois pas pourrir, moi, devant Hartecelle.

LE BATARD.

Pourtant, mylord...

LORD JOHN CHANDOS.

Demain, à cette citadelle
Je donnerai l'assaut, dès l'aube.

LE BATARD.

Cependant

Un assaut est coûteux et peut-être imprudent.
Encor deux ou trois jours d'attente, et la famine...

LORD JOHN CHANDOS.

Non, j'ai fait préparer tous les travaux de mine ;
Demain on roulera ces tours auprès des murs...
L'une renfermera nos hommes les plus sûrs
Qui pourront, sans échelle et de sa plate-forme,
Atteindre les créneaux ; l'autre, un amas énorme
De fagots imprégnés de résine et de poix,
Afin d'incendier la porte, et cette fois,
A moins que de là-haut un secours ne lui vienne,
Avant la fin du jour la place sera mienne.

LE BATARD.

Vous êtes un très-grand capitaine, mylord,
Et vous fûtes toujours heureux ; mais si le sort
Faisait (à Dieu ne plaise !) échouer l'escalade ?
Permettez que j'insiste et vous en dissuade,
Car enfin, ils n'ont plus de vivres, je le sais.
Attendons, et trois jours ne seront point passés,
Qu'Olivier de Mauny, mettant bas son audace,
Vous rendra son épée et les clefs de la place.

LORD JOHN CHANDOS.

Si l'assaut manque, soit, nous emploîrons la faim :
Mais c'est à contre-cœur, vous dis-je, car enfin
— Je ne prends pas souci de votre affaire intime, —
Cet Olivier a su mériter mon estime,

Et contre un tel vaillant, je ne puis l'oublier,
La famine n'est pas l'arme d'un chevalier.

LE BATARD.

Mais, mylord...

LORD JOHN CHANDOS, impérieusement.

C'est assez !

Au capitaine.

Vos machines sont prêtes,

Capitaine ?

LE CAPITAINE.

Oui, mylord, et nous aussi.

LORD JOHN CHANDOS.

Vous êtes

Sûr de vos hommes ?

LE CAPITAINE.

Sûr.

LORD JOHN CHANDOS.

Bon.

LE CAPITAINE.

Cet assaut, pour quand ?

LORD JOHN CHANDOS.

Au petit jour.

LE CAPITAINE.

C'est bien.

LORD JOHN CHANDOS.

Et quoi de neuf au camp?

LE CAPITAINE.

Rien. Quelques paysans, arrêtés sur la route,
Armés sous leurs sarreaux et qui voulaient sans doute
Pénétrer dans la ville.

LORD JOHN CHANDOS.

Et qu'en avez-vous fait?

LE CAPITAINE.

Ils sont là. Tout d'abord j'ai pensé qu'on devait
Les brancher...

LORD JOHN CHANDOS.

Auraient-ils fait de l'espionnage?

LE CAPITAINE, légèrement.

Non, mais comme ils rôdaient dans tout le voisinage
Et que ce sont des gens du peuple, je voulais,
A tout hasard...
        La nuit vient peu à peu.

LORD JOHN CHANDOS.

Allons, Mortimer, lâchez-les.
Quand même au fond du cœur ils nous seraient hostiles,
Pauvres hères! Leurs morts nous seraient inutiles.
  Aux soldats.
L'assaut demain, garçons, et qui craint pour ses os
N'a qu'à rester au camp!

LES SOLDATS.

Hurrah! Vive Chandos!

LORD JOHN CHANDOS, au capitaine.

Veillez bien sur ces tours et ces barils de poudre.

A sa suite.

Allons, mylords.

Il sort, suivi du Bâtard et des gentilshommes de son escorte.

SCÈNE III.

LES PERSONNAGES de la scène première, puis MARGOT,
LIÉNARDE et autres RIBAUDES.

LE SERGENT BARDOLPH.

Eh bien, on va donc en découdre,
Capitaine!

L'ARCHER JACKSON, à Patrick.

Patrick, rallume donc le feu.

LE CAPITAINE.

Allons, garçons, pour nous ragaillardir un peu,
Qu'on roule un tonneau d'ale ici. Je paye à boire.

LES SOLDATS.

Hurrah!

LE CAPITAINE.

Mais il est tard et la nuit devient noire,
Des torches! Et soyons sur nos gardes.

On allume les torches. Les ribaudes entrent et se répandent parmi les
groupes.

6.

PATRICK, les apercevant.

Amis,
La veille d'un combat, l'amour est bien permis,
Et je vais consacrer cette heure à mon amante.

Il va vers les ribaudes.

LE CAPITAINE, à une ribaude.

Bonjour, Margot... Toujours éveillée et charmante !

MARGOT, saluant.

Capitaine !

LE CAPITAINE.

Voici mon genou, viens t'asseoir.
Nous nous battons demain et c'est fête ce soir.

MARGOT.

Nous en sommes.

LE CAPITAINE.

C'est clair.

LIÉNARDE, à Patrick.

Patrick, un verre d'ale.

PATRICK, lui présentant un gobelet.

Liénarde, m'as-tu toujours été fidèle ?

LIÉNARDE, le souffletant.

Insolent !

LE SERGENT BARDOLPH.

Écoutons, amis. Arabella
Va dire sa ballade !

On fait le cercle autour d'une ribaude.

LA RIBAUDE.

BALLADE

DE LA BELLE FILLE HOSPITALIÈRE
AUX GENS D'ARMES.

Belle fille à l'amour idoine,
De ma fenêtre en floraison,
Je vois souvent clerc ou chanoine
Rôder autour de ma maison.
Mais aucun, blondin ou grison,
Portant froc ou robe drapée,
Ne me dira son oraison :
Je n'aime nuls que gens d'épée.

Le butin est leur patrimoine,
Aussi donnent-ils à foison
Escarboucle, onyx ou sardoine,
Et drap fin du pays frison.
De vieux vin et de venaison
On fait près d'eux franche lippée,
Et leur cœur est comme un tison.
Je n'aime nuls que gens d'épée.

Alexandre de Macédoine
Vit Thalestris en pâmoison ;
Cléopâtre adorait Antoine ;
Médée a brûlé pour Jason,
Qui conquit la blonde toison ;
Othon fut chéri de Poppée :
Et voilà pour quelle raison
Je n'aime nuls que gens d'épée.

ENVOI
A mylord John Chandos.

Prince, pour toute une saison,
Votre troupe est ici campée ;

J'élis près d'elle garnison,
Je n'aime nuls que gens d'épée.

Au moment où Arabella vient de terminer sa chanson, on entend le cri de la sentinelle:

LA SENTINELLE.

Arrête ! Qui va là ?

Mouvement général. — Entre Du Guesclin, déguisé en vieux marchand et monté sur un âne, dont le bât supporte deux paniers pleins de victuailles et de bouteilles. — Alain, également vêtu comme un jeune courtaud de boutique, conduit l'âne par la bride. — Ils sont amenés par quelques archers.

SCENE IV.

LES MÊMES, DU GUESCLIN, ALAIN, UN ARCHER.

L'ARCHER, entrant.

Amis ; et je ramène une bonne capture.

DU GUESCLIN, d'une voix nasillarde, avec une terreur grotesque.

O monsieur mon patron, grand saint Bonaventure,
J'agonise de peur, intercédez pour moi !
Et vous aussi, grand saint Polycarpe !

L'ARCHER, durement.
Oh ! tais-toi.

LE CAPITAINE.

Un prisonnier ?

L'ARCHER, riant

Un gros.

LE CAPITAINE, à Du Guesclin.

Viens çà, qu'on t'interroge.

DU GUESCLIN, continuant à gémir.

O grands saints oubliés dans le martyrologe,
Aidez-moi, vous aussi !

LE CAPITAINE.

Silence !

A l'archer.

Où l'as-tu pris ?

L'ARCHER.

Sur la route, ici près, et je crois qu'il est gris,
Car il prétend rentrer, malgré nous, dans la ville.

DU GUESCLIN, feignant d'être ahuri.

Vous aurais-je parlé de façon incivile,
Monsieur l'archer ? Je suis un marchand ambulant,
Un pauvre homme, qui vais offrir à tout chaland
Mes produits. Et voilà mon ânesse chargée...
Et je ne savais pas cette ville assiégée.
Je voyageais avec Tiennet, mon apprentif...
Messieurs, ayez pitié de moi, faible et chétif !

LE CAPITAINE, avec méfiance.

Et si comme espions, à quelque bonne corde,
Je vous faisais suspendre un peu ?

DU GUESCLIN.

Miséricorde !

Que me dites-vous là ? Nous sommes innocents,
Monsieur le capitaine anglais.

LE CAPITAINE.

Allons, descends.

Du Guesclin descend de son âne.

Mais voilà des paniers bien garnis, qu'on les fouille !

DU GUESCLIN, désolé.

Ma marchandise ! à l'aide ! au meurtre ! on me dépouille !
On me ruine ! hélas !

PATRICK, fouillant dans les paniers de l'âne.

Ah ! le butin est bon,
Capitaine. Du vin, des poulets, un jambon,
Des andouilles, une oie, et ce large fromage !

DU GUESCLIN.

Ils prennent tout !

PATRICK, raillant.

Non pas. Tu nous en fais hommage.

Les soldats se partagent les vivres en riant.

DU GUESCLIN, avec tristesse.

Mais donnez-nous du moins une place au repas.

LE CAPITAINE.

Qu'on lui laisse sa part.

A Du Guesclin.

Allons, ne te plains pas.

Montrant Alain.

Mais quel est ce petit drôle ?

DU GUESCLIN.

> Un enfant novice,
> Sous mon aile élevé loin du monde et du vice,
> Comme David enfant par le vieux Samuel.

PATRICK, grossièrement, à Du Guesclin.

Je comprends. Ton bâtard ?

DU GUESCLIN.

> Mon bâtard ! Juste ciel,
> Permettrez-vous longtemps que des choses pareilles
> De cet agneau sans tache offensent les oreilles ?

Tableau animé. — Les soldats mangent et jouent avec les ribaudes. Dans un coin, à droite, Du Guesclin et Alain s'asseoient sur un tertre et mangent.

LE CAPITAINE, à Du Guesclin.

Assez ! Vous devriez être encor bien contents.
Si l'on vous garde ici, ce n'est pas pour longtemps ;
Demain nous entrerons dans cette place forte,
Nous, par la brèche, et vous ensuite par la porte !

Il le quitte et rejoint les soldats.

DU GUESCLIN, à part.

Par saint Kado ! J'arrive à temps.

ALAIN, bas, à Du Guesclin.

> Vous l'entendez,
> Messire, à cet assaut ils se sont décidés.
> Ah ! Clotilde !... Et ne rien pouvoir ! Retard funeste !
> Tout est perdu !

DU GUESCLIN, de même.

Du calme, enfant, la nuit nous reste ;
Et nous allons tâcher d'en tirer bon parti.

ALAIN.

Comment ?

DU GUESCLIN.

J'ai tout quitté quand tu m'as averti
Qu'Olivier se trouvait dans cette forteresse
Bloqué par ces maudits Anglais. Le temps nous presse,
Agissons. Nous tentons un coup très-hasardeux.
Mais tu m'as l'air d'un gars intrépide ; à nous deux
Nous inventerons bien... Attends, que j'examine...
D'abord, l'assaut... et puis, sans doute, la famine,
Là-bas... Occupons-nous de ces tours que voilà,
Et qui m'ont l'air...

Voyant un archer s'approcher d'eux.

On nous écoute...

Haut.

In sæcula

Sæculorum. Amen.

L'ARCHER, à Jackson.

Le marchand dit ses grâces.

DU GUESCLIN, bas.

C'est tout ce que je sais en latin.

LIÉNARDE, à Patrick, dans le fond.

Tu m'embrasses

Encor, vilain Patrick ?

PATRICK.

Toujours !

LE SERGENT BARDOLPH, à voix haute.

Allons, du vin.

MARGOT, au bras du capitaine, passant.

Voyez-vous, moi, je suis fille d'un échevin,
Ayant pignon sur rue, et je n'étais pas née
Pour ce métier.

LE CAPITAINE.

Comment ! tu plains ta destinée,
Et je t'aime, méchante !

Ils s'éloignent.

DU GUESCLIN, bas, à Alain.

Ils deviennent grivois.
Le vin d'Anjou produit son effet, je le vois.
S'ils pouvaient se soûler !...

LES SOLDATS, buvant.

A Chandos !

LE CAPITAINE.

Eh ! mes drôles,
Qui veut vingt coups de nerf de bœuf sur les épaules,
N'a qu'à boire un peu plus qu'il ne peut en porter.

PATRICK, à part.

Le capitaine est dur.

DU GUESCLIN, bas.

Il n'y faut plus compter.

Soit. Autre chose alors.

Il se lève et s'adresse au capitaine.

Illustre homme de guerre,
Vous excuserez bien un soin aussi vulgaire,
Mais où coucherons-nous cette nuit?

LE CAPITAINE.

Comme nous,

Par terre.

DU GUESCLIN.

Ah! mais le sol est un lit fort peu doux.
Je suis pieux — c'était hier vigile et jeûne, —
J'ai jeûné, je suis faible et je ne suis plus jeune!

LE CAPITAINE.

Eh bien, tu t'étendras sur la paille, tout près
De ces barils. Mais prends bien garde, ou tu pourrais,
Si par hasard le feu prenait après ta couche,
Mon brave homme, sauter en l'air, comme une mouche.

DU GUESCLIN.

Ah! grand saint Barnabé! quel produit de l'enfer
Renferment ces petits tonneaux cerclés de fer?

LE CAPITAINE.

C'est de la poudre.

DU GUESCLIN.

Hein? Qu'est-ce que de la poudre?

LE CAPITAINE.

C'est comme qui dirait une espèce de foudre,
Qu'on lance aux ennemis par ce bâton à feu,
Autrement dit, canon ou bombarde !   -

DU GUESCLIN, avec terreur.

Grand Dieu !

On entend au loin un roulement de tambour.

LE CAPITAINE.

Garçons, le couvre-feu. Çà, renvoyez les femmes.

PATRICK.

Ah ! si tôt !

Les ribaudes sortent.

LE CAPITAINE.

Éteignons les torches et les flammes,
Et qu'on se couche.

DU GUESCLIN, à part.

Enfin !

PATRICK.

Je vais rêver de toi,
Liénarde !

LE CAPITAINE, à Du Guesclin qui s'étend sur la paille avec Alain.

Marchand, tâche de rester coi
Sur ta litière. — Et vous, mes braves, à vos tentes ! —
Ne cherche pas à fuir, toi, car si tu le tentes,
D'un carreau d'arbalète envoyé dextrement...

Montrant la sentinelle.

Ce garçon t'ouvrira le ciel, sans sacrement.

A la sentinelle.

Tu m'entends! Bonne nuit, mes enfants, et qu'on veille!

*Le capitaine sort. — Les soldats rentrent sous leurs tentes. — La scène
est très-faiblement éclairée par le foyer mourant. — Du Guesclin et
Alain sont couchés dans la paille, à droite.— La sentinelle veille auprès
des machines et se promène de long en large. — Profond silence.*

SCÈNE V.

DU GUESCLIN, ALAIN, LA SENTINELLE.

DU GUESCLIN, *se soulevant à demi. A Alain, d'une voix très-basse.*

Plus personne! Petit, approche ton oreille,
Et parlons-nous tout bas. Mon plan est fait. Il faut
Brûler ces tours!

ALAIN.

Comment?

DU GUESCLIN.

Malheureux! pas si haut!...
Nous avons deux barils de poudre, de la paille
Et du feu.

ALAIN.

Je comprends.

DU GUESCLIN.

Silence! Il faut qu'on aille
D'abord jusqu'au foyer, puis jusqu'à ces barils,
Enfin jusqu'à ces tours.

ALAIN.

C'est bien.

DU GUESCLIN.

Que de périls,

Enfant !

ALAIN.

Qu'importe? Allons !

DU GUESCLIN.

Ah ! l'heure est solennelle !
S'il fallait seulement tuer la sentinelle,
J'ai ma dague. En un tour de main ce serait fait.
Mais ce soldat pourrait appeler.

ALAIN.

En effet.

Alors?...

DU GUESCLIN.

Il va falloir le tuer sans qu'il crie.
Voilà tout.

ALAIN.

Je suis prêt !

DU GUESCLIN.

Oh ! pas d'étourderie !
Rampons vers lui comme un renard dans un sillon ;
Un seul coup de poignard et ma main pour bâillon !
Ce repli de terrain nous sert ; la nuit est brune.
Il ne nous verra point. Au soldat !

La lune paraît.

Ah ! la lune !

Silence. — La lune disparaît derrière un nuage.

Bon voyage, madame, et ne revenez pas...
Devant les tours, tu vois bien ce tertre là-bas?
Il y faut arriver sans bruit, à quatre pattes.

ALAIN.

C'est bien !

A part.

Je ne veux plus, ô mon cœur, que tu battes !

DU GUESCLIN.

Allons !

Ils traversent la scène en rampant et la remontent, chacun d'un côté différent, se dirigeant vers la sentinelle, qui se met à chanter.

L'ARCHER, chantant.

Au pays, chez nous,
Dans les hautes terres,
C'est l'heure des doux
Mystères.

Des grands lacs d'azur
Argentant la grève,
La lune au ciel pur
Se lève.

Les daims en repos,
Vers la source noire,
Viennent par troupeaux
Pour boire.

DU GUESCLIN, derrière le tertre, caché, aux pieds de la sentinelle.

Nous y voilà.

A Alain qui l'a rejoint.

Ta main. Prends ce poignard...
Tu trembles?

ALAIN.

Non de peur, mais c'est ce montagnard,
Qui chante son pays natal quitté naguère
Et qu'il faut égorger!...

DU GUESCLIN, d'une voix grave.

Mon enfant, c'est la guerre !

L'ARCHER, reprenant sa chanson

Lutins et démons
Et sorcières blondes
Mènent, sur les monts,
Leurs rondes.

Et, dans l'air, le son
D'une cornemuse
Passe et meurt, chanson
Confuse.

En ce moment, du Guesclin qui est sorti de sa cachette et a rampé jusqu'au soldat, l'assaille par derrière, lui met une main sur la bouche et le poignarde. L'archer tombe avec un râle étouffé.

ALAIN, se voilant les yeux.

Ah !

DU GUESCLIN, montrant le mort.

C'est fait, sans un cri.

ALAIN, à part.

Moi, j'ai bien entendu.

DU GUESCLIN, fiévreusement.

A la besogne, et pas un instant de perdu !
Je roule ces barils près des tours. Toi, dépêche.
Tortille cette paille et fais-en une mèche ;
La flamme mettra bien quelque temps à ramper
Jusqu'à la poudre, et nous, nous pourrons décamper.

Ils commencent à agir. — Soudain ils s'arrêtent et prêtent l'oreille.

Des pas ! on vient !

DU GUESCLIN, écoutant à droite.

Par là !

DU GUESCLIN, avec anxiété.

Qu'est-ce encore ?

ALAIN, épouvanté.

Une ronde !

DU GUESCLIN, terrible.

Ah ! que l'enfer me prenne et que croule le monde !
Et plus de sentinelle !

ALAIN, vivement.

Eh bien, ils me verront
Son arbalète en main et son casque à mon front.

Il prend les armes du mort et va se placer près des machines.

N'est-ce pas que de loin on me prendrait pour elle ?

DU GUESCLIN.

C'est vrai ; mais si l'on vient changer la sentinelle ?

ALAIN, résolûment.

N'avons-nous pas une arme?... A la grâce de Dieu !

DU GUESCLIN.

Brave enfant !

A droite, au fond, sur le chemin qui descend, paraissent le Bâtard de
Mareuil et le capitaine qui porte une torche. — Ils sont suivis de
quelques archers. — Du Guesclin, avec ferveur :

Ah ! monsieur saint Kado, je fais vœu
De t'offrir, si d'un tel danger tu nous délivres,
Une chappe d'or fin, du poids de trente livres,
Et d'aller de Morlaix jusques à Plougastel,
Pieds nus, afin d'ouïr la messe à ton autel !

Du Guesclin reste immobile, caché derrière le canon ; la ronde vient en
scène. — Alain se promène sur l'élévation à gauche, comme montant la
garde.

SCÈNE VI.

LES MÊMES, LE BATARD, LE CAPITAINE,
ARCHERS.

LE CAPITAINE, au Bâtard.

Vous voyez, — tout est calme et l'on fait bonne garde.
La sentinelle veille auprès de la bombarde,
Des deux barils de poudre et des tours que voici.

LE BATARD.

Je suis tranquillisé, capitaine ; merci !

Ils sortent.

7.

SCÈNE VII.

DU GUESCLIN, ALAIN.

DU GUESCLIN, sortant de sa cachette, et avec explosion.

Ah! monsieur saint Kado, vous êtes un brave homme!

A Alain.

Embrasse-moi, mon gars.

ALAIN.

Est-ce bien?

DU GUESCLIN.

Voilà comme

On se montre, parmi les gens de ta maison.

Avec décision.

Maintenant les tonneaux!

Il roule les tonneaux près des machines, aidé d'Alain.

Une mèche,

Il dispose une longue traînée de paille qui aboutit aux tonneaux.

Un tison.

Boutons le feu!

Il prend une braise au foyer et allume la paille qui commence à brûler lentement.

Partons, Alain, pour Hartecelle.

Les Anglais vont sauter. Vois, la paille étincelle.

Avec regret.

Dire qu'ils ne sauront pas de qui le coup part!

Mais si; car ils verront demain sur le rempart

Ma bannière fameuse et bien reconnaissable,
Qui sur l'écu d'argent porte l'aigle de sable.
Viens.

> Ils sortent par le fond à gauche. La scène reste vide une minute. La flamme atteint la poudre. Tout saute. Après l'explosion qui renverse et déchire les tentes, les soldats dont quelques-uns sont blessés se répandent sur la scène et poussent des cris devant les machines à demi détruites et qui brûlent.

SCÈNE VIII.

LES ANGLAIS, LE BATARD.

TOUS.

Ah !

LE BATARD, devant le cadavre de la sentinelle.

Ce soldat mort !

LE CAPITAINE, qui a cherché du regard Alain et Du Guesclin.

Les deux marchands ont fui !

LE BATARD, qui a pris le poignard dans la gorge du soldat tué et examiné cette arme.

Les armes de Bertrand Du Guesclin !

LE CAPITAINE.

C'était lui !

ACTE QUATRIEME

Une plate-forme avec un parapet crénelé au fond. — A droite, une grosse tour à porte ronde. — A gauche un corps de logis. — Au fond en perspective, les tours du château.

SCENE PREMIÈRE.

Au lever du rideau, sur le rempart, un peloton, commandé par **THI-BAUD**, relève les sentinelles. — Des groupes d'hommes et de femmes circulent et regardent les soldats. — Autour d'une table, **UN BOUR-GEOIS GRAS** et **UN BOURGEOIS MAIGRE** sont assis devant des gobelets.

LE BOURGEOIS GRAS.

Oui, compère Truphème, aussi vrai qu'on me nomme
Alleaume Percepied, que je suis un prud'homme
Et le maître barbier juré de cet endroit,
Je vous dis qu'on a moins de vivres qu'on ne croit,
Et qu'on ne tiendra plus longtemps.

LE BOURGEOIS MAIGRE, d'un ton rogue.

Gros tas de graisse !

Si vous souffrez la faim, c'est sans qu'il y paraisse.
Cette bedaine-là dément vos sots discours.
Moi, depuis le blocus, j'engraisse tous les jours.

LE BOURGEOIS GRAS.

J'en suis sûr, mon ami, nous n'avons plus de vivres.
Un chat, et tout petit, se vend jusqu'à deux livres,
Et le marchand le fait passer pour un lapin.
De plus, on a déjà rationné le pain.
Quel pain! J'en voudrais bien connaître la formule,
Et, pour le poids, on met dedans des fers de mule.
J'en ai perdu trois dents.

LE BOURGEOIS MAIGRE, avec impatience.

Percepied, mon ami,
Tout en ira-t-il mieux, quand vous aurez gémi?
Nous avons Du Guesclin chez nous. Laissons-le faire.

A Thibaud.

Ah! c'est vous, sénéchal! Tenez, videz ce verre
De cervoise.

THIBAUD, vidant le gobelet.

Je bois à vos santés.

LE BOURGEOIS GRAS, à Thibaud.

Eh bien,
Le renfort qu'on attend vient-il?

THIBAUD.

Je n'en sais rien.

LE BOURGEOIS GRAS.

La place sera-t-elle enfin ravitaillée?...

THIBAUD.

Je n'en sais rien.

LE BOURGEOIS GRAS.

Hélas !

LE BOURGEOIS MAIGRE, montrant le bourgeois gras.

Quelle poule mouillée!

SCÈNE II.

LES MÊMES, DU GUESCLIN, LE QUARTENIER.

DU GUESCLIN, entre en parlant avec le quartenier.

Donc, du pain pour trois jours seulement, quartenier?

LE QUARTENIER.

Monseigneur, j'ai fait cuire et mettre en ce grenier
Tout ce qui nous restait encore de farine;
Et c'est la fin.

DU GUESCLIN.

Trois jours! Voilà qui me chagrine.
Et mes soldats qui sont en retard ! Que font-ils?
Par saint Kado! je veux par quelques tours subtils
A ce damné Chandos cacher notre détresse...

Il rêve un moment.

Peut-être... Oui, cela ne manque pas d'adresse.

    Au quartenier.

Fais apporter ici la moitié de tes pains.

    Le quartenier obéit. On apporte des pains dans des paniers.

Ah ! c'est risquer beaucoup, mais n'importe !

    Aux soldats.

        Compaings,
Afin que ces damnés Anglais nous en croient riches,
En place de boulets, bombardez-les de miches.

    THIBAUD ET LES SOLDATS.

Compris !...

    Les soldats jettent les pains par-dessus le rempart.

    LE BOURGEOIS MAIGRE, au Bourgeois gras, riant.

    Hein, Percepied, le tour est assez neuf !
Qu'en dis-tu ?

    LE BOURGEOIS GRAS, avec douleur et comptant sur ses doigts
    les pains qu'on jette.

    Quatre, cinq... Ah ! mon Dieu !... Sept, huit, neuf,
Quatorze, quinze, seize !... Ah ! je me meurs, Truphème !...

    Il tombe dans les bras du bourgeois maigre.

    THIBAUD, à Du Guesclin.

C'est fait, messire.

    DU GUESCLIN.

    Bien. Pauvres gens ! comme on m'aime !
Ils ont jeté leur pain ! Ah ! c'est simple et c'est beau !

Hier, quand ils voyaient arriver ce troupeau
Chez les Anglais; j'ai lu dans leurs yeux leur martyre.
Ils ont faim!... mais ils m'ont obéi sans rien dire!
Ils ont jeté leur pain sans avoir murmuré.
Ah! j'y perdrai la vie ou je les sauverai!

Entre Clotilde, suivie de ses femmes et accompagnée d'Olivier et d'Alain.

SCÈNE III.

LES MÊMES, CLOTILDE, OLIVIER et ALAIN.

CLOTILDE, allant à Du Guesclin.

Eh bien, messire, quoi de nouveau?

DU GUESCLIN.

          Rien encore;
Je ne sais pas où sont mes troupes et j'ignore
Qui peut les retenir, mais je suis fort surpris.
Le Bègue de Vilaine est un soldat de prix:
Avec lui, ce retard est une grave chose.

CLOTILDE.

Ah! ce siége est affreux! Voir, pour mon humble cause
S'exposer mes vassaux, mes deux braves parents,
Et vous le guerroyeur grand parmi les plus grands,
C'est trop pour une femme, et, tenez, je suis lasse.

DU GUESCLIN.

Vous combattez l'Anglais : je suis donc à ma place.

ALAIN.

Nous aussi.

CLOTILDE.

Votre cœur est vaillant, je le sais,
Alain ; mais c'est pour moi qu'ici vous exercez
Ce métier de soldat si périlleux.

ALAIN.

Mon frère
Était beaucoup trop bon de vouloir m'y soustraire.
Du Guesclin maintenant connaît ce que je vaux.

OLIVIER, à part.

Il me hait, car il croit que nous sommes rivaux !

Fanfare.

THIBAUD, à Du Guesclin, venant du fond.

Capitaine ?

DU GUESCLIN.

Eh bien, quoi ?

THIBAUD.

Le héraut d'Angleterre
Vient demander accès pour un parlementaire.

DU GUESCLIN.

Bien, qu'il entre.

Thibaud sort.

Ma ruse aurait donc réussi !

Au quartenier.

Apportez le restant de nos vivres ici.

Aux soldats.

Et mangez, et buvez !

Au bourgeois gras, gaiement.

Toi, montre bien ta panse,
Ami ! Du diable alors si cet Anglais ne pense
Que nous faisons par jour au moins quatre repas !

Au bourgeois maigre.

Mais, toi, va te cacher : il ne le croirait pas.

LE BOURGEOIS MAIGRE.

N'ayez crainte, je vais derrière, capitaine.

LE BOURGEOIS GRAS, *en évidence et satisfait.*

Tu trompes l'ennemi: sois fière, ô ma bedaine!

SCÈNE IV.

LES MÊMES, LE BATARD DE MAREUIL,
les yeux bandés, amené par Thibaud.

DU GUESCLIN, *à Thibaud.*

Otez-lui son bandeau.

Thibaud enlève le bandeau qui couvrait les yeux du Bâtard.

CLOTILDE, *avec un cri.*

Mon mari !

OLIVIER et ALAIN, *avec rage et faisant le geste de s'élancer sur lui.*

Le Bâtard !

DU GUESCLIN, *les arrêtant.*

Sa personne est sacrée !

OLIVIER.

Ah !

LE BATARD, *très-froid.*

Je viens de la part
De mylord John Chandos, gouverneur de Guyenne.

DU GUESCLIN.

J'écoute.

LE BATARD.

Il faut d'abord, messire, que j'obtienne
Licence de parler devant tous.

DU GUESCLIN.

Vous l'avez.
Mes soldats sont pour moi des amis éprouvés,
Je ne leur cache rien.

LE BATARD.

Je ne suis point hostile,
Et je viens vous offrir la paix.

DU GUESCLIN.

C'est inutile ;
Car la paix serait chère, et, vous voyez, ce fort
Bien garni, bien armé, peut attendre un renfort,
Car nous avons encor des vivres.

LE BATARD, mielleux.

> Oui, peut-être ;
> Vous jetez votre pain même par la fenêtre...
> Ah ! la ruse est adroite, et nous l'apprécions.
> Elle nous eût trompés. Par malheur, nous savions
> Que vous ne pourriez pas être deux fois prodigues.

DU GUESCLIN, à part, avec rage.

> Ah ! trahis !

LE BATARD.

> C'est assez de peine et de fatigues
> Pour vos soldats, messire, et pour vous c'est assez,
> Croyez-moi, de vaillance et d'efforts dépensés.
> La guerre a ses hasards...

DU GUESCLIN, brusquement.

> Trêve de flatterie.
> Quelles conditions faites-vous, je vous prie ?

LE BATARD.

> Soit. La place est rendue à Chandos. Nous laissons
> Tous les nobles sortir en nous payant rançons ;
> Le soldat part avec ses armes qu'il conserve.

DU GUESCLIN.

> C'est trop beau ! Mais pour vous, monsieur ?

LE BATARD.

> Je me réserve
> Pour ma part de butin...

DU GUESCLIN.

Ah ! ah ! c'est là l'écueil.

LE BATARD.

Ma femme seulement, Clotilde de Mareuil.

DU GUESCLIN, *ironique.*

Seulement?

LE BATARD.

Seulement !

CLOTILDE, *à part.*

C'est moi qu'il veut.

OLIVIER, *au Bâtard.*

Infâme !

DU GUESCLIN, *arrêtant Olivier et s'approchant du Bâtard,*
d'un air terrible.

Quand vous m'avez offert de livrer une femme,
Vous comptiez que, malgré vos propos outrageants,
Je saurais respecter en vous le droit des gens.
Vous avez eu raison. Partez. La route est libre ;
Mais regardez d'abord que tout mon être vibre
De colère,
   Lui mettant la main sur l'épaule.

Et sentez ce que pèse ma main ;
Puis tâchez désormais d'éviter mon chemin.

LE BATARD, *frémissant.*

Ah !
  Froidement.

Menacer n'est pas répondre. Veut-on rendre
La citadelle à John Chandos?

DU GUESCLIN.

Venez la prendre !

LE BATARD, s'incline, puis s'approche de Clotilde et lui parle à demi-voix.

J'espère que jugeant leurs conseils belliqueux,
Madame, vous serez plus raisonnable qu'eux,
Car tout dépend de vous. Donc, en votre pensée,
Songez bien à ce qu'est une ville forcée.
Que deviendront parmi la fureur des assauts,
Ces femmes, ces enfants, vos amis, vos vassaux ?
Vous savez, c'est le vol, le carnage, la flamme !
Vous êtes charitable et pieuse, madame ;
Vous répondrez à Dieu de tout le sang versé,
Quand vous n'avez enfin, oubliant le passé,
Qu'à revenir auprès d'un époux... qui vous aime...

CLOTILDE, lui coupant la parole avec indignation.

Ah ! taisez-vous ! Assez d'injure et de blasphème !
Votre amour ! il me fait horreur et je vous hais !
Quant à Dieu, chaque jour il entend mes souhaits
Et, malgré cette épreuve où sa rigueur m'expose,
J'en suis sûre, il est juste et protége ma cause !

LE BATARD.

Priez-le donc ; mais moi, je vous dis : au revoir !

Il sort reconduit par Thibaud.

SCÈNE V.

LES MÊMES, moins LE BATARD et THIBAUD.

CLOTILDE, à Du Guesclin.

Messire, soyez franc, car je veux tout savoir,
Et le discours hautain de ce traître m'effraie !
Dites, notre misère enfin est-elle vraie ?
N'avons-vous plus assez de vivres pour tenir ?

DU GUESCLIN, sans répondre.

Madame, à tout moment mes gens peuvent venir,
Et c'est notre salut...

CLOTILDE.

                    Je sens bien qu'on me cache
Notre état. Quel qu'il soit, il faut que je le sache !

DU GUESCLIN.

Je ne conviendrai pas qu'il soit désespéré.
S'ils donnent un assaut, je le repousserai,
Et le pire ennemi, c'est encor la famine.
Mais cependant, depuis un instant, je rumine
Un projet... Je le tiens ! Et, par Dieu, nous rirons
S'il réussit !
            Aux soldats qui l'entourent.

                    Holà ! Deux cents braves lurons
Vont feindre d'attaquer l'Anglais par la poterne
Du sud, pour l'occuper. En ce qui me concerne,

Comme je n'y vais point, ayant affaire ailleurs,
Olivier, tu seras le chef des batailleurs.

OLIVIER.

Bien.

ALAIN.

Moi, j'en suis.

OLIVIER, bas, à Du Guesclin.

Bertrand, souviens-toi.

DU GUESCLIN, bas, à Olivier.

Sois tranquille.

Haut.

Non, mon Alain, il faut qu'un chef reste en la ville ;
Ce sera toi.

ALAIN, avec rage.

Toujours !

A Olivier.

Écoute, frère aîné,
Si c'est injustement que je t'ai soupçonné,
Tu peux me le prouver : reste, pour que je sorte.

OLIVIER.

Non.

ALAIN.

Pour reconquérir ma confiance morte,
Tu n'as qu'à me céder ta place.

OLIVIER.

Non.

ALAIN.

Tu vois?
C'est devant elle! eh bien, pour la dernière fois,
Prends garde, car je sens m'envahir la folie!
Je t'embrasse les mains, frère, je t'en supplie,
Laisse-moi te servir au moins de lieutenant!

OLIVIER.

Non!

ALAIN.

Va donc seul alors. Je te hais maintenant.

Alain sort.

OLIVIER, à part.

Hélas!

Aux soldats.

Allons, mes gars!

Il sort suivi des soldats.

DU GUESCLIN, à part.

Peut-être est-ce folie...
Mais, si j'en viens à bout, nous ferons chère lie!

Il sort d'un autre côté.

SCÈNE VI.

CLOTILDE, HABITANTS et FEMMES D'HARTE-
CELLE. Les bourgeois et les femmes qui se sont parlé entre eux pendant la fin de la scène précédente, s'approchent de Clotilde qui est restée
rêveuse.

CLOTILDE.

Que voulez-vous, amis?

LE BOURGEOIS MAIGRE.

Dame, les habitants

8

D'Hartecelle ont cru voir que, depuis quelque temps,
On se bat moins, — ce n'est pas un reproche, certes,
Car notre garnison a fait de grandes pertes, —
Et nous venons vous dire, avec simplicité,
Que s'il vous faut des gens de bonne volonté,
Nous sommes là, bourgeois, paysans, tout le monde,
Prêts à marcher. Je sais me servir d'une fronde,
Un autre d'une pioche, un autre d'un marteau.
Les vieillards garderont les remparts du château ;
Enfin, nous ferons tous de notre mieux, madame.

TOUS LES BOURGEOIS.

Oui !

CLOTILDE, émue.

Mes braves vassaux, merci du fond de l'âme.

LE BOURGEOIS GRAS, à part.

L'arrière-garde est très-nécessaire. J'en suis !

Il se sauve.

UNE FEMME, tenant dans ses bras un jeune nourrisson et un autre enfant
à la main, s'approche de Clotilde ; quelques femmes la suivent.

Châtelaine, on répand dans la ville des bruits
Sinistres, et l'on dit que la faim nous menace.
Mais avec le vaillant Breton au cœur tenace,
Nous sommes prêtes, nous, les femmes, à subir
Sans un sanglot, sans un regret, sans un soupir,
La faim et les horreurs du siége le plus rude.
Ne gardez donc pour nous aucune inquiétude,
Dame, car nulle épouse et nulle mère ici

Ne vous conseillera de demander merci,
— Pour toutes je le dis, car je pense comme elles ! —
Quand même tarirait le lait de nos mamelles.

TOUTES LES FEMMES.

Oui !

CLOTILDE.

Les femmes aussi ! les mères ! Dieu clément !
C'est trop de sacrifice et trop de dévoûment.
Non, je n'accepte pas ! Que j'en meure, qu'importe ?
Je me rends. Sénéchal, faites ouvrir la porte !
Mes amis, remettez votre épée au fourreau !
J'aime mieux me livrer moi-même à mon bourreau,
—Bien qu'à ce seul penser l'horreur au cœur me monte,
Oui, j'aime mieux mourir de dégoût et de honte,
Que de voir triompher mon droit, que je défends,
Par le sang des vieillards, des femmes, des enfants !

SCÈNE VII.

LES MÊMES, ALAIN, rentrant de son côté ; LE BOUR-
GEOIS GRAS, portant un cochon sur ses épaules ; HABI-
TANTS DE LA VILLE, puis DU GUESCLIN.

TOUS, rentrant joyeux.

Vive sire Bertrand !

LE BOURGEOIS GRAS.

L'excellente aventure !

ALAIN.

Qu'est-ce?

LE BOURGEOIS GRAS.

J'en ris à faire éclater ma ceinture.

CLOTILDE.

Mais enfin?...

LE BOURGEOIS GRAS.

Non, le tour est vraiment merveilleux,
Et messieurs les Anglais vont être furieux !
Quel homme ! lui seul fait de pareilles trouvailles !

Entre Du Guesclin.

CLOTILDE, à Du Guesclin.

Eh bien?...

DU GUESCLIN.

Comme on manquait ici de victuailles,
Je viens d'y ramener un troupeau de cochons.

TOUS.

Vivat !

ALAIN, étonné.

Comment?

DU GUESCLIN, avec enthousiasme.

Saignons, dépeçons, embrochons,
Salons, fumons ! mangeons de la charcuterie
Et buvons sec ! C'est jour de joie et de frairie,
Pour tous nos affamés, soldats et citadins !
A la broche le lard ! Et sur le gril boudins,

Andouilles, pieds farcis, cervelas et saucisses !
Assaisonnons le tout de moutarde et d'épices,
Et l'arrosons d'un vin agréable au lamper !
Vive Dieu ! c'est l'Anglais qui nous offre à souper !

TOUS.

Ah !

LE BOURGEOIS GRAS, montrant l'un après l'autre son ventre, puis
le cochon étendu à ses pieds.

Ventre patient, reçois ta récompense.

ALAIN, à Du Guesclin.

A la fin, Monseigneur, vous nous direz, je pense,
Par quel moyen étrange et quel tour imprévu,
Vous avez ramené ces vivres ?

DU GUESCLIN.

J'avais vu,
Hier, en rôdant, non loin du ruisseau, dans la plaine,
Parqués auprès d'un champ de trèfle, une centaine
De pourceaux, destinés à messieurs les Anglais.
Les mirifiques porcs ! Des noirs, des violets,
Des roses ! gras à point, superbes ! et leur soie
Reluisait sur leur dos comme un drap qui chatoie !
Or nous sachant ici sans vivres, j'ai pensé :
Ces Anglais sont vraiment cruels d'avoir laissé
Ces pauvres animaux exposés à la pluie.
Par bonheur, il restait dans la place une truie
Pleine, et que l'on gardait afin qu'elle mît bas.

ALAIN.

Ah! je vous reconnais!

DU GUESCLIN, gaiement.

Tu comprends, n'est-ce pas?
Je tenais mon appeau. L'amour tourne les têtes;
C'est lui le vrai tyran des hommes et des bêtes.
Et, pendant qu'Olivier fait sa diversion,
Malgré ses grognements et sa rébellion,
Je prends la truie et la campe sur mes épaules!
Je sors des murs, sans bruit, et je gagne les saules
Qui longent la rivière et font comme un rideau
Entre l'Anglais et moi. Sur l'autre bord de l'eau,
J'aperçois, dans son parc, le troupeau qui sommeille.
Je fais hurler ma truie en lui tordant l'oreille.
Quel triomphe! voilà le troupeau furibond
Qui, malgré les porchers, dans l'eau ne fait qu'un bond
Et me rejoint, tandis que je rentre en la ville,
Avec tous les cochons me suivant à la file!

TOUS, riant.

Ah!

ALAIN.

Bien imaginé!

DU GUESCLIN.

Soit. Je viens d'obvier
A la famine... mais que fait donc Olivier?

Tumulte. — Olivier rentre à la tête des soldats, soutenu par Thibaud et blessé au bras droit.

SCÈNE VIII.

LES MÊMES, OLIVIER, THIBAUD, SOLDATS.

OLIVIER, à Du Guesclin.

Nous voilà, sans un mort. Une simple escarmouche !...
Et toi?

DU GUESCLIN.

Moi, je songeais aux besoins de la bouche,
J'ai des vivres. Blessé !

OLIVIER.

Rien. Un trait égaré...

CLOTILDE.

Sòn sang coule... Ah!

Elle s'évanouit.

ALAIN, avec désespoir.

C'est lui qu'elle aime! J'en mourrai!

ACTE CINQUIÈME

LA BATAILLE.

Une chapelle. — La scène représente l'intérieur de la nef (gothique rayonnant). On voit se perdre au fond, en biais, les arcades du chœur. A droite et à gauche, les deux travées du transept ; à l'entrée du chœur, un prie-Dieu, devant lequel sont placées, sur des coussins, les différentes pièces d'une armure. La lune éclaire les vitraux ; les cierges sont allumés.

SCÈNE PREMIÈRE.

THIBAUD, DU GUESCLIN, CLOTILDE, OLIVIER, le bras en écharpe, HOMMES D'ARMES, PAGES, portant des torches, FEMMES de la suite de Clotilde.

THIBAUD, à Du Guesclin.

Messire, tout est prêt pour la veille des armes.

DU GUESCLIN.

Bien, Thibaud ; laisse-nous.

A Olivier.

Comment, ami, des larmes ?

OLIVIER, tristement.

Hélas ! tu connais trop le souci qui me mord ;
Tu vas armer Alain chevalier, et la mort
Se réjouit... Puissé-je être mauvais prophète !
Enfin, mon Seigneur Dieu, ta volonté soit faite.

A Du Guesclin.

Que devient ton armée ?

DU GUESCLIN.

Elle approche. Mes gens,
Dès l'aube, livreront bataille aux assiégeants,
Tandis que nous ferons une rude sortie,
Et je compte gagner cette fois la partie.

OLIVIER.

Espérons-le. Pour moi, mon devoir est tracé.
Je puis me battre encor, quoique je sois blessé,
Et, parmi la mêlée affreuse où la mort fauche,
Je veux du moins couvrir Alain de mon bras gauche.

DU GUESCLIN.

Va ! pour le protéger, tu ne seras pas seul.
Mais voici notre Alain.

Entre Alain, nu-tête et tout vêtu de blanc.

SCÈNE II.

LES MÊMES, ALAIN.

DU GUESCLIN, à Alain.

Approche-toi, filleul.
T'es-tu mis en état pour la bonne veillée ?

ALAIN.

Maître, je viens à vous l'âme purifiée,
Ayant fait devant tous ma coulpe à haute voix...
Mon corps dans l'eau du bain s'est lavé par trois fois ;
Et je suis en état de grâce pour paraître
Devant la sainte hostie offerte par le prêtre...
Croyez-en cet habit de lin, blanc comme un lis,
Symbole de mon cœur humble et pur.

DU GUESCLIN.

C'est bien, fils.
Devant l'autel voici l'armure bien fourbie ;
Tu vas veiller près d'elle, et, l'épreuve subie,
Tu pourras prononcer tes vœux de chevalier.

OLIVIER, à Alain.

Un serment solennel va bientôt te lier,
Frère, et quelque regret que mon cœur en éprouve,
Je tiens à te servir de parrain, car je trouve

Qu'il est bien pour le sang des Mauny qu'un garçon
De ton âge ait agi d'une telle façon
Qu'il soit fait chevalier par Du Guesclin lui-même !...
Demain la guerre va te donner son baptême.
Tu n'as dû que braver la mort jusqu'à présent ;
Mais désormais, Alain, tu verseras le sang ;
Tu le verras, flot noir jailli des chairs coupées,
Rougir les gantelets, les heaumes, les épées,
Et, parmi les blessés, sourd à leurs cris affreux,
Impitoyablement tu pousseras sur eux,
— Grand pourvoyeur des loups et des oiseaux de proie,—
Ton destrier massif, dont le sabot les broie.
Ah ! c'est terrible, enfant !... Mais quoi ? tu l'as voulu.

ALAIN, sèchement.

Je prends ce grand parti d'un cœur très-résolu,
Et le Dieu des combats fortifira mon âme.

DU GUESCLIN, avec solennité, à Alain.

Avant de te frapper l'épaule de ma lame,
Avant de te chausser les deux éperons d'or,
Insignes de ton rang, Alain, je dois encor
Te rappeler les lois de la chevalerie.
Sers fidèlement Dieu, les dames, la patrie ;
Sois généreux, loyal, intrépide et courtois.
Penses-y bien toujours. L'ordre que tu reçois
Va te faire l'égal des meilleurs gentilshommes...
Mais il t'impose, aux temps d'épreuves où nous sommes,
Des devoirs que   mais, enfant, tu n'enfreindras.

Et d'abord, que ce cœur, cette tête, ce bras,
N'aient qu'un but, avant tout, la France délivrée !

Alain étend, sans parler, la main vers le crucifix en signe de serment.

Repousse avec horreur la magie exécrée,
Et ne te sers jamais contre tes ennemis
Que des moyens loyaux par l'Église permis.
— La forfaiture est chose inconnue à ta race ! —
Épargne le vaincu qui te demande grâce
Et ne frappe jamais au cheval, car, vois-tu,
Dès qu'un noble bardé de fer est abattu,
La victoire devient sans gloire et trop aisée.
Enfin, garde toujours au fond de ta pensée
Que les faibles, les vieux, les femmes, les enfants,
Les clercs, les laboureurs, sont ceux que tu défends,
Et qu'il faut que partout où ton nom retentisse,
L'écho réponde : Honneur, bienfaisance, justice !

Alain fait de nouveau le signe du serment.

ALAIN.

L'heur m'est bien grand d'avoir deux parrains si fameux,
Messire, et j'essaîrai de bien faire comme eux.

DU GUESCLIN.

Maintenant, nous allons te laisser. Veille et prie.
Tu vas ceindre l'épée à l'heure où la patrie
Sous le pied du vainqueur, frémissante, se tord
Et se relève. Et c'est pour un duel à mort !
Peut-être verras-tu notre France accablée...
Prie, afin que ta foi ne soit jamais troublée !

Quand de ses champions tu serais le dernier,
Meurs, plein d'espoir en elle et sans la renier !

CLOTILDE, s'approchant à son tour d'Alain, et très-doucement.

Alain, vers le devoir quand votre âme s'élève,
Priez la Vierge mère, au cœur percé du glaive,
De vous faire oublier un rêve évanoui.
Vous l'oublîrez ; plus tard vous serez heureux.

Sur un geste d'Alain.

Oui.

Un jour, vous sentirez une nouvelle flamme
Naître sous le regard tendre d'une autre femme,
Vous aimerez encore et vous serez aimé.

ALAIN, à part.

Oui, pâles fleurs d'automne et non roses de mai !

DU GUESCLIN.

L'heure s'avance, il faut laisser le néophyte.
    A Alain.
A demain.

Ils sortent tous, sauf Alain.

SCÈNE III.

ALAIN, seul.

Seul !
Après un silence.

Allons, triste nuit, passe vite !

Car j'ai soif de l'ivresse ardente des combats !
Contre un destin trop dur en vain je me débats !
Carnage, me voici ! mêlée, ouvre ton gouffre,
Que je m'y jette afin d'oublier, car je souffre !

> Sanglotant.

Je souffre, et mon courage à la fin est lassé !

> Se relevant.

Mais non : patrie, à toi je me suis fiancé,
Épouse des hardis, toujours fidèle et chaste,
L'âme pour ton amour n'est jamais assez vaste !...
Et pour te la donner toute, j'en veux bannir
De mon rêve fatal jusques au souvenir !

> S'approchant du coussin où sont ses armes.

Je t'en prends à témoin, ô ma première armure.
Si ce cœur bat trop fort, étouffe son murmure
Sous la lourde cuirasse et sous le gorgerin,
Et qu'il devienne froid ainsi que ton airain !
Si de mes yeux, visière horrible de ce casque,
Tombent parfois des pleurs, cache-les sous ton masque !
Cette main qui jadis dans la sienne tremblait,
Que ton tissu de fer la couvre, ô gantelet,
Pour que tu sois solide en sa paume crispée,
O mon amie ! ô ma vaillante ! ô mon épée !
De n'être plus qu'à toi désormais je fais vœu.
Mais prions.

> Il s'agenouille.

Aidez-moi, bons chevaliers de Dieu,
Bienheureux combattants des célestes phalanges,
Terribles chérubins, victorieux archanges,

Toi surtout, saint Michel, qui domptas le dragon !
Prends-moi, grand saint Martin, soutien et parangon
Du soldat vertueux, sous ta main protectrice !
Intercédez pour moi, monseigneur saint Maurice
Et vous, guerriers thébains, martyrs de votre foi !
Barons du paradis, priez, priez pour moi !

> Il met sa tête dans ses mains et reste absorbé dans sa méditation. — Musique. — Le fond du théâtre s'ouvre, et dans des nuées, baignés d'une lumière surnaturelle, apparaissent le vieux Enguerrand de Mauny, tel qu'il était au prologue avec ses blessures, et derrière lui ses trois fils Philippe, Jacques et Huon, tous les trois blessés à la tête. — Tous sont appuyés sur leurs longues épées.

SCÈNE IV.

ALAIN, LE SPECTRE D'ENGUERRAND DE MAUNY, et ceux de HUON, de JACQUES et de PHILIPPE DE MAUNY.

LE SPECTRE D'ENGUERRAND DE MAUNY,
étendant la main vers Alain.

Du lumineux séjour de l'extase éternelle
Où Dieu donne aux élus le bonheur infini,
Ton père mort descend, et sa voix solennelle
*   Te salue, Alain de Mauny !*

Voici tes frères, tous ont la même blessure
Au front, juste à la place où se posa ma main.
Comme la leur, enfant, ta destinée est sûre :
*   Tu vas être tué demain !*

Dernier né des Mauny, porte une âme virile
A ton premier combat qui sera sans second,
Car, sache-le, ta mort ne sera pas stérile.
     Ton sang versé sera fécond!

J'ai sous les yeux le livre ouvert des destinées,
Et de ma voix qui sort de l'abîme, apprends-les :
La guerre durera cent terribles années ;
     Mais nous chasserons les Anglais.

Le grand Breton qui tient le glaive de la France
De l'âpre invasion refoulera le flot ;
Sous lui nous toucherons presque à la délivrance ;
     Mais Du Guesclin mourra trop tôt.

Après... — Oh! la funèbre et lamentable histoire! —
La nef de France est sombre et n'est plus que débris ..
Ah! je vois des Anglais par tout le territoire
     Et leur roi régnant à Paris!

Mais à l'heure où la foi du plus brave chancelle,
Voici, terrible ainsi que l'archange en son vol,
Surgir le blanc pennon de la bonne Pucelle!...
     Et plus un Anglais sur le sol!

Et plus tard, et sans cesse, invasions, désastres!
Et toujours, à la fin, le drapeau triomphant
Plane sur le pays délivré, dans les astres.
     Vive France! A demain, enfant!

L'apparition se dissipe peu à peu. Le jour paraît. Alain sort de son extase.

SCÈNE V.

ALAIN, seul et cherchant à rassembler ses idées.

Je dois mourir demain... demain! Le jour se lève.
Mon père m'a parlé, ce n'était pas un rêve...
Olivier se taisait... Ah! je comprends pourquoi!
Noble frère! c'est qu'il voulait mourir pour moi!

Entrent Olivier et Clotilde accompagnée de ses femmes.

SCÈNE VI.

ALAIN, OLIVIER, CLOTILDE, FEMMES.

ALAIN, courant se jeter aux pieds de son frère.

Ah! pardon à genoux! je ne suis qu'un infâme,
Un criminel!... Mais Dieu vient d'éclairer mon âme,
Et je connais enfin ta sublime amitié!
Je suis un misérable, indigne de pitié!

OLIVIER, avec tendresse.

Alain, relève-toi.

ALAIN.

Non, Olivier, ma place
Est à tes pieds.

OLIVIER, le relevant.

Enfant, viens donc que je t'embrasse!
Tu souffrais, et je n'ai rien à te pardonner.

ALAIN.

Ton projet de mourir, tu vas l'abandonner,
Frère, je ne veux pas que tu te sacrifies !
Côte à côte, à présent, nous risquerons nos vies.
Et la mort, la stérile épouse au flanc glacé,
Entre nous deux pourra choisir son fiancé.

OLIVIER, à part.

Il sait tout !

ALAIN, à Clotilde, lentement et tristement.

Quant à vous que j'aimais, ma folie
Est passée ! Oubliez, ainsi que moi j'oublie,
Ce rêve malheureux qui nous fit souffrir tous.
Aimez bien Olivier ; il est digne de vous ;
C'est un cœur de héros. — Quant à moi, le poëte,
Le rêveur, traitez-moi tous les deux comme on traite
Un enfant maladif et toujours mécontent
Qui fait pleurer sa mère et l'aime bien pourtant.

CLOTILDE, lui tendant la main.

Cette épreuve a rendu notre amitié meilleure,
Alain.

OLIVIER, à part.

Faites, mon Dieu, que ce soit moi qui meure !

ALAIN, à part.

Clotilde sera libre, et ce traître exécré,
Le Bâtard de Mareuil, c'est moi qui le tûrai !

SCÈNE VII.

LES MÊMES, DU GUESCLIN, SOLDATS.

DU GUESCLIN, entrant.

Aux armes ! Le renfort attendu nous arrive !
Les Anglais ont été surpris. La lutte est vive ;
Il faut porter secours à nos gens. Dehors ! tous !

ALAIN, à Du Guesclin.

Maître, vous m'oubliez.

DU GUESCLIN.

Non, filleul, à genoux !

Alain s'agenouille.

J'aime ta jeune ardeur, nous aurons besoin d'elle.

Du Guesclin lui frappe l'épaule de son épée.

Alain de Mauny, sois brave, loyal, fidèle :
Au nom de saint Michel, je te fais chevalier.
Embrasse maintenant ton vieux maître, écolier,

Alain se relève. Du Guesclin l'embrasse.

Et viens.

Se tournant vers Clotilde et ses femmes.

Femmes, priez et soyez sans alarmes.

OLIVIER, à Alain.

Je ne te quitte pas, frère.

DU GUESCLIN.

Aux armes !

TOUS.

Aux armes !

Ils sortent en tumulte.

SCÈNE VIII.

Un champ de bataille. — Le sol est couvert de morts et de blessés.

SOLDATS FRANÇAIS ET ANGLAIS. Au lever du rideau,
un combat très-vif est engagé.

LES FRANÇAIS.

Notre-Dame Guesclin !

LES ANGLAIS.

Saint Georges !

LES FRANÇAIS.

Notre-Dame

Guesclin !

LES ANGLAIS.

Saint Georges !

Ils sortent tous à gauche en combattant ; les Anglais reculent.

SCÈNE IX.

DU GUESCLIN entre à droite, joyeux, l'épée à la main
et entouré d'un gros de **SOLDATS ANGLAIS**.

DU GUESCLIN, comptant ses ennemis.

Ah ! cela réjouit l'âme !
Six, huit, dix ! j'y suffis... Gare, maudits Anglais !

Il frappe plusieurs hommes, son épée se brise.

Plus d'épée !

Leur montrant les poings.

Il me reste encor mes gantelets.
Soit ! j'appris à boxer à Londres.

Donnant un coup de poing à un assaillant.

A toi, l'homme !

L'ANGLAIS, tombant.

Ouf !

DU GUESCLIN.

Allons, maintenant, qui veut que je l'assomme ?

Les Anglais prennent la fuite.

Plus personne ! J'aurais boxé jusqu'à demain.
Poursuivons-les avec les pierres du chemin.

Il ramasse des pierres et sort en les leur jetant.

9

SCÈNE X.

COMBATTANTS ANGLAIS ET FRANÇAIS,
puis LE BATARD, puis ALAIN.

LE BOURGEOIS MAIGRE, une hache à la main.

Ah! j'en ai bien tué!

LES ANGLAIS, fuyant.

Chandos à la rescousse!

LES FRANCAIS, les poursuivant.

Notre-Dame Guesclin!

LES ANGLAIS.

Saint George!

Tous sortent en combattant.

LE BATARD, entrant.

On nous repousse!
Ils sont vainqueurs, et tout sera bientôt fini.
Mais que je joigne au moins Olivier de Mauny!
Est-il mort? Mon collier d'or à qui me le montre!

ALAIN, entre vivement, l'épée à la main.

Le Bâtard de Mareuil! Enfin, je te rencontre,
Maudit!

LE BATARD, avec dédain.

Ce n'est pas toi que je cherche. Va-t-en.

ALAIN.

Non, car je te défie et vais rendre à Satan
Ton âme de félon, de traître et de parjure.

LE BATARD.

D'un enfant comme toi je méprise l'injure ;
C'est le loup que je veux, et non le louveteau.

ALAIN.

Prends garde, car il mord !

LE BATARD.

    Ma main comme un étau
Broîrait la tienne, au jeu du luth accoutumée.

ALAIN.

Apprends-le, d'aujourd'hui cette main est armée ;
Et mon estoc, qui mit à mal plus d'un chrétien,
Bien que rouge de sang, a soif encor du tien.

LE BATARD.

Tu le veux, soit : meurs donc, mais j'aurai peu de joie
De ma victoire, ayant une aussi faible proie.
A nous deux !
        Ils combattent.

ALAIN.

  Moi, je veux un combat sans merci.

LE BATARD.

Jeune insensé, c'est toi qui resteras ici.
   Alain lui porte un grand coup ; le Bâtard tombe.

Ah ! je suis mort !

ALAIN, l'achevant d'un coup de dague.

Que Dieu prenne en pitié ton âme !

LE BATARD, frappant Alain à la tête.

La tienne aussi !

Il retombe. Alain se relève en chancelant.

ALAIN.

Serpent ! il m'a tué !

Il ôte son casque et touche de la main son front ensanglanté.

La lame
M'est entrée au défaut du morion... je meurs !

Il tombe à son tour.

VOIX LOINTAINES.

Notre-Dame Guesclin !

ALAIN, se soulevant.

A l'aide ! Les clameurs
S'éloignent... Ah !...

Il s'évanouit.

SCÉNE XI.

ALAIN évanoui, LE BATARD expirant, OLIVIER.

OLIVIER, appelant.

Alain !... Quelle horrible journée !...
Alain !... Il s'est jeté dans la lutte acharnée,
Comme un jeune étalon qui ne sent plus le mors !

Et moi, je vais, cherchant d'instinct parmi les morts.

Reconnaissant le Bâtard.

Ah ! ce blessé... Grand Dieu ! C'est le Bâtard qui râle.

Il appelle encore.

Alain !

Apercevant son frère évanoui.

Le voilà ! mort !... Non, mais comme il est pâle !
Mon enfant, réponds-moi... C'est ton frère... Entends-tu ?

Il tombe à genoux, avec un grand cri.

Ah !

SCÈNE XII.

LES MÊMES, DU GUESCLIN, CLOTILDE, SOLDATS, ETC.

DU GUESCLIN, d'une voix éclatante.

La journée est nôtre et l'Anglais est battu !

LES SOLDATS.

Victoire !

DU GUESCLIN.

Avons-nous bien besogné, bon roi Charle ?
Mais que vois-je ? Olivier !... Olivier, je te parle ..
Son frère !...

CLOTILDE.

Mon Dieu !

DU GUESCLIN.

Mort ?

OLIVIER, avec égarement.

               Ne dites pas cela...
Car sa main n'est pas froide encore... Touchez-la.
Mais non, la tache au front!... Voyez ses lèvres blanches !..
Le chêne de Mauny perd quatre de ses branches.
Encore un qu'il faudrait coudre dans le linceul?
Tu mourrais, Alain?... Quoi! tu me laisserais seul?
Ah! je les aimais tous, mais ce coup est le pire.
J'étouffe!... Mais pourtant son cœur bat... il respire...
Il parle...

          ALAIN, d'une voix faible.

Mon bon frère Olivier !...

           OLIVIER.

                  Non, tais-toi...
Tu guériras... Aussi je me disais : Pourquoi
Dieu me reprendrait-il mon Alain que j'adore?
Non, vous voyez... il vit... Tu veux parler encore,
Alain?... N'ouvre donc pas ainsi ton grand œil bleu!...

          ALAIN, se soulevant avec effort:

J'ai tué le Bâtard... Clotilde est libre... Adieu!

                     Il meurt.

        OLIVIER, se relevant, terrible:

Ah! mort! mort! cette fois!

      Il se jette en sanglotant dans les bras de Du Guesclin.

    CLOTILDE, s'agenouillant et baisant Alain au front.

                Hélas ! fleur tôt flétrie,
Lis pur, va refleurir dans le ciel, ta patrie !

A ce moment le ciel s'ouvre, et, dans les nuages se reproduit l'apparition
du tableau précédent. Mais le spectre d'Alain est dans les bras d'Enguerrand de Mauny.

DU GUESCLIN, à Olivier.

O mes braves Mauny, tous sont morts en soldats,
Et tu les pleures tous, toi qui les précédas !...
Mais la patrie est comme une terre épuisée
Qui veut le sang des siens pour unique rosée.
Sans savoir si l'on doit voir les épis germer,
Qu'importe, il faut toujours la servir et l'aimer.

A Olivier.

Pleure, mais offre-lui ton deuil et ta souffrance.

Aux soldats.

Inclinez les drapeaux sur le mort ! Vive France !

ÉPILOGUE

LA MORT DE DU GUESCLIN.

(13 juillet 1380).

L'intérieur de la tente de Du Guesclin, devant le château de Randon,
en Gévaudan.

SCÈNE I.

DU GUESCLIN, couché et endormi, **OLIVIER DE MAUNY,** vieilli de seize ans, armé, sans casque, se tient debout près du lit ; **UN MÉDECIN,** en robe noire, rangeant des fioles sur une crédence. Plus tard, entre **ALAIN,** fils d'Olivier et page de Du Guesclin. (Ce rôle doit être tenu par l'enfant qui a représenté Alain, au prologue.)

OLIVIER, regardant Du Guesclin endormi.

Ainsi donc, te voilà, Bertrand ! O destinées !
Toi, que le monde a vu pendant quarante années,
Téméraire, l'estoc à la main, et bouclé
Dans ton vieux vêtement de fer tout bosselé,
Pousser ton palefroi sur des forêts de piques ;

Toi, Du Guesclin, héros de nos luttes épiques,
Dont les fléaux d'acier frappant le morion
En ont cent fois meurtri le fier alérion,
Qui, sous le choc, jetait des gerbes d'étincelles ;
Oui, toi, qui le premier appliquais les échelles
Et montais, les forçant à craquer sous ton poids,
Aux murs d'où ruisselaient l'huile en flamme et la poix ;
Cette mort du soldat, pour ta gloire rêvée,
Parmi tant de périls, tu ne l'as pas trouvée,
Et d'une fièvre, ainsi qu'un vieux, sur ce grabat,
Tu vas mourir peut-être à l'heure d'un combat.

DU GUESCLIN, parlant en rêve.

Notre-Dame Guesclin!... A moi!... Bretagne... France!...

OLIVIER.

Il rêve. — Ah! je le sais, c'est de désespérance,
Que tu meurs, et non pas de la fièvre, ô grand cœur ;
C'est d'un dégoût profond, d'une immense rancœur,
C'est de l'ingratitude et de la calomnie !
Voilà donc comme on tue un homme de génie.
O suprême injustice ! Il se bat quarante ans,
Il est le plus fameux guerroyeur de son temps,
Un grand vainqueur de gens et conquéreur de terre ;
Il a fait, pied à pied, reculer l'Angleterre,
Et chassé ses soudards du sol que nous aimons,
Puis, pendant une trêve, il a passé les monts,
Et rendu son royaume au roi des deux Castilles.
—Gagnez donc vingt combats, forcez donc cent bastilles,

Sauvez donc la patrie !... Un beau jour, que dit-on ?
Que vous avez le cœur moins français que breton,
Que sais-je ?... Votre roi, de qui l'âme est trompée,
Vous accuse. On s'indigne, on lui rend son épée
De connétable, on songe à l'exil... et l'on part.
Pourtant sur le chemin se dresse ce rempart,
Le château de Randon où l'Anglais tient encore.
Frémissant de revoir l'étendard qu'il abhorre,
Le héros méconnu n'ira pas plus loin. Non,
Il l'assiége, il prétend y planter son pennon,
Et, par ce dernier coup où sa vaillance éclate,
Donner un dernier tort à la patrie ingrate.

Un silence.

En aura-t-il le temps ?

Au médecin.

         Eh bien, qu'en dites-vous,
Maître, et comment est-il ?

LE MÉDECIN.

         Hélas, comte, le pouls
S'affaiblit. La dernière espérance est finie,
Quelques heures peut-être, ensuite l'agonie...

OLIVIER, se voilant le visage.

Oh ! mon Dieu !

Il s'approche de Du Guesclin et lui prend la main.

      Que je baise encor sa noble main !

DU GUESCLIN, s'éveillant en sursaut.

La ville avant une heure ou l'assaut pour demain !

Reconnaissant Olivier.

Ah ! c'est toi, mon ami ; je faisais un beau rêve...
Mais non, toujours ce lit !... Ton bras, que je me lève.

OLIVIER.

Mais, Bertrand...

DU GUESCLIN, avec impatience.

                    Non, je veux me lever, je veux voir
Si tous sont à leur poste et font bien leur devoir,
Pages, pages, à moi !... mon haubert, ma cuirasse !

Entre le jeune Alain.

LE MÉDECIN, à Du Guesclin.

Monseigneur !

DU GUESCLIN, tombant sur un siége.

                    Ah ! c'est vrai, la fièvre me terrasse !
Allons, vieux corps usé, fais un dernier effort,
Et que je sois debout pour attendre la mort !

Il se relève avec peine.

OLIVIER, à part.

Pauvre ami !

ALAIN, aidant Du Guesclin à se rasseoir.

                    Seyez-vous, monseigneur, je vous prie.

DU GUESCLIN, assis, regardant Alain avec tendresse.

Ah ! c'est toi, mon Alain. Ta jeunesse fleurie
M'est douce, ton regard naïf me fait du bien.
C'est que, vois-tu, le vieux soldat, plus bon à rien,

Dans le fond de son cœur à l'amertume en proie,
Gardait encor l'espoir d'une suprême joie,
O fils de mon ami, mon page familier,
Celle de vivre assez pour t'armer chevalier.

A Olivier.

Olivier, je le vois, c'était une chimère.

A Alain, en l'embrassant.

Je t'aime, car je songe à ta vaillante mère,
Puis à cet autre Alain, mon jeune compagnon,
Qui te ressemblait tant et qui portait ton nom.

Rêveur, avec une profonde mélancolie.

Oh! quel passé lointain, hélas! et que de tombes!

OLIVIER.

Bertrand, secoue un peu la tristesse où tu tombes.
Je ne reconnais point ton ancienne vertu.
Courage!

DU GUESCLIN.

Non, je sens que c'est la fin, vois-tu.
Je manque d'air ici... Cette tente fermée
M'étouffe... Ouvrez! ouvrez! Je veux voir mon armée!...

Les rideaux de la tente s'ouvrent largement au fond. On aperçoit le camp,
et plus loin le château assiégé. Une foule de capitaines et d'hommes
d'armes envahit le théâtre.

SCÈNE II.

LES MÊMES, L'ARMÉE.

DU GUESCLIN.

Ah ! vous voilà. Venez près de moi, mes amis,
Et remercions tous le ciel qui m'a permis
De mourir entouré de mes compagnons d'armes.

CRIS DIVERS, dans la foule.

Du Guesclin... mourir... non... vous vivrez !

DU GUESCLIN.

                        Pas de larmes !
C'est sans faiblesse au cœur et sans pleurs dans les yeux
Qu'il vous faut écouter mes suprêmes adieux,
Frères, et recueillir ma volonté dernière.
Ensevelissez-moi couché dans ma bannière,
Avec ma bonne épée, et ma main la tenant.
Faites porter mon cœur au cloître de Dinan,
Chez les dominicains, où ma première femme
Repose, et fondez-y cent messes pour mon âme.
Puis, que mes héritiers prennent dans mon trésor,
Pour les soldats blessés, trente mille écus d'or.
Mes armes, à mon frère Olivier je les donne.
Je me remets aux mains du Seigneur. Je pardonne
A ceux qui par erreur ou par mauvaise foi

M'ont pu nuire. En ce jour, je renouvelle au roi
Mon serment d'allégeance, et devant vous j'atteste,
— Et j'en prends à témoin la justice céleste —
Que j'ai toujours servi Charles fidèlement,
Et que ma loyauté regrette seulement
De n'avoir pas pour lui pu faire davantage.
A vous autres, soldats, je laisse en héritage,
A toi, Clisson, à vous, de Sancerre, Mauny,
Mon labeur commencé que j'aurais bien fini,
Si la mort ne s'était jetée à la traverse.
Ainsi qu'un laboureur qui promène la herse
Pour arracher l'ivraie et les ronces d'un champ,
Quarante ans on m'a vu, par la France, arrachant
En tout lieu l'étendard à la double licorne.
Contre l'invasion je fus comme une borne
Et devant moi l'Anglais a reculé partout.
Mais vous devez mener cette œuvre jusqu'au bout.
Donc du dernier soldat jusques au connétable,
Ne dormez dans un lit et ne mangez à table,
Tant qu'un Anglais sera possesseur d'un lambeau
De sol qui ne soit pas le lieu de son tombeau !...

TOUS.

Nous le jurons !

DU GUESCLIN.

Merci ! Je puis mourir sans crainte...
Mes amis, mes enfants, une dernière étreinte !

Le capitaine et les soldats entourent Du Guesclin et lui baisent les mains.
Soudain éclatent au dehors des fanfares et des clameurs.

OLIVIER.

Mais pourquoi tout ce bruit, pages ?

UN PAGE entrant, à Du Guesclin.

C'est monseigneur
Le duc d'Anjou.

DU GUESCLIN.

Pour moi ?

SCÈNE III.

LES MÊMES, LE DUC D'ANJOU. Il entre, suivi d'une
brillante escorte. Un de ses gentilshommes porte sur un coussin l'épée de
connétable, dans une gaine de velours bleu, semée de fleurs de lis d'or.

DU GUESCLIN, au duc d'Anjou.

Qui me vaut cet honneur
De voir un fils de France à mon lit funéraire ?

LE DUC D'ANJOU, aux assistants.

Grâce au ciel ! il n'est pas trop tard.

A Du Guesclin.

Le roi mon frère,
Dont de malins rapports égarèrent l'esprit,
Messire Du Guesclin, a le cœur très-contrit.
Il a vu s'altérer avec trop de souffrance
Une amitié qui fit la gloire de la France.

Mais, connaissant combien votre grand cœur l'aimait,
Il vous dit d'oublier, messire, et me commet
Pour clore entre vous deux ce débat regrettable.
Je viens donc en son nom, monsieur le connétable,
Vous embrasser et vous prier de ceindre encor
La glorieuse épée aux trois fleurs de lis d'or,
Qui, j'y compte, fera longtemps son noble office.

Il embrasse Du Guesclin.

DU GUESCLIN, très-ému.

Ah ! monseigneur, c'est trop !... c'est trop !...

LE DUC D'ANJOU.

Non, c'est justice.

LA FOULE.

Oui, justice !

Le seigneur qui porte l'épée s'agenouille devant Du Guesclin
et la lui présente.

DU GUESCLIN, la prenant et la tirant du fourreau.

Viens donc, viens !... Si je te reprends,
Ce n'est plus pour aller combattre aux premiers rangs ;
Mais je puis te baiser fièrement, car mon âme
Est aussi pure, aussi loyale que ta lame.

Au duc d'Anjou.

Ah ! duc, je meurs content... Allez le dire au roi.

Râlant.

J'étouffe !... Entre vos bras, mon Dieu, recevez-moi !...
Olivier, un frisson pénètre en mes entrailles...
Et le fort n'est pas pris... Enfants, tous, aux murailles !

Il tombe mort sur le lit.

TOUS, avec désespoir.

Ah !

LE MÉDECIN, posant sa main sur le corps de Du Guesclin.

C'est fini.

OLIVIER, à genoux.

Prions...

Moment de silence religieux.

SCÈNE IV ET DERNIÈRE.

LES MÊMES, LE GOUVERNEUR ANGLAIS DU CHATEAU DE RANDON. Il entre au fond suivi d'une escorte et portant les clefs de la ville sur un plat d'argent.

OLIVIER, se relevant.

Qui nous trouble?

LE GOUVERNEUR.

Pardon !

Je suis le gouverneur du château de Randon.
J'ai lutté ! N'ayant plus de pain, je me résigne.
Qui commande à présent ici ?

OLIVIER.

Nul n'en est digne,

Car Du Guesclin n'est plus.

LE GOUVERNEUR.

Je viens rendre le fort.

Où déposer ces clefs ?

OLIVIER.

Où ?

Montrant Du Guesclin.

Sur son lit de mort.

Le gouverneur dépose les clefs aux pieds du cadavre.

FIN.

IMPRIME PAR A. QUANTIN

ANCIENNE MAISON J. CLAYE

POUR

ALPHONSE LEMERRE ÉDITEUR

A PARIS

9 782329 810300